自分史の手引き書

― 年表で綴るあなたの歴史書 ―

歴史春秋社

まえがき

　歴史的意義をもつ年というのがあります。戦後70年とされた2015年（平成27年）も大きな節目の年でありました。日本の「現代史」は、第2次世界大戦（太平洋戦争）終結の1945年（昭和20年）からこの70年間を基本的時代背景として共に歩んできたことにあります。

　当書は、この間の故郷や国、また世界の歴史を参照にしながら、その背景のもとで営んできた個人または家族のなりわいを振り返り、その経緯を綴ることにより、次の世代へ伝えるべき「現代史と共に歩んだ人生」の記録を残す目的として制作されたものです。

　当書の主役はもちろん、この本を手にされた「あなた」であり、またあなたの「ご両親」でもあり「お子様」でもあられます。表紙の氏名欄には、「あなたのお名前」を記され、年表のとなりのページにはご自身またはご家族の年齢を記して、その年々にあった出来事などを回想され、必要によっては当時の記録・写真等を添付されて物語を進めていって頂ければ幸いです。必ずや今日までの素晴らしい「自分史」が完成すると存じます。

歴史春秋社

凡　例

1. この年表は1940年（昭和15年）から2015年（平成27年）に至る75年間の世界・日本・地方（福島県）で起こった出来事を編者および歴史春秋社編集部が取捨選択しそれぞれの欄に纏めたものである。
2. 年譜の歴史的事項については、時代の契機を示す事柄を記載するように心がけたが、紙幅やスペースの関係から集積に精粗が生じたことはご了承いただきたい。
3. 個々の出来事は最も関係が深い地域欄・世相欄に記しているが、紙幅等の関係から一部日本の出来事を福島県の欄に記載した場合もある。
4. 特に記載する事項が多かった1945年（昭和20年）と2011年（平成23年）は前半・後半に分けて掲載した。
5. 出来事の年月日の表示においては、月と日の間にピリオドをおき表記した。ただし文章内に出てくる場合は、それぞれ年月日を間において記載した。
6. 出来事が起こった日付が不確実な事項、また長期にわたって出来事が続いている事項は、日付は省略し、その月の最初に配列した。
7. 各欄の主要6ヵ国の国名は下記のような略号を用いた。
〈アメリカ→米、イギリス→英、フランス→仏、ドイツ→独、イタリア→伊、ロシア→露〉※ただし中華人民共和国は1950年（昭和25年）以降、中国と記載
8. 文献名、作品名は「　」で括り、書籍・雑誌・新聞名は『　』で表示した。また、事件名や通称名等も一部「　」で括った。
9. 固有名詞のカタカナ表記は、できるだけ原音に近い形とし、日本での慣用的表記が定着しているものについては慣用にしたがった。

自分史の手引き書
― 年表で綴るあなたの歴史書 ―

1940 (昭和15年) 庚辰／かのえたつ 紀元（皇紀）2600年

世界の出来事

- 2.16 英と独軍事衝突（ノルウェー領海内）
- 2.27 「炭素14」発見（Martin Kamen と Sam Ruben）
- 2.29 映画「風と共に去りぬ」（米）で「マミー」を演じたハティ・マグニエルがアカデミー賞で助演女優賞受賞（黒人初、映画公開は1939年12月15日）
- 3.12 ソ連、フィンランド講和
- 4.9 独軍、デンマーク・ノルウェー王国に侵攻
- 5.10 独軍、オランダ・ベルギー・ルクセンブルク・仏に侵攻開始
- 同 英チャーチル首相、挙国一致内閣成立、アイスランドに侵攻
- 5.15 オランダ、独に降伏
- 5.28 ベルギー、独に降伏
- 6月 米、戦時体制に
- 6.5 独軍、仏総攻撃
- 6.10 伊、英・仏に宣戦布告（米ルーズベルト大統領、伊を非難）
- 6.13 仏軍、パリから撤退
- 6.22 仏、独に降伏
- 7.29 リトアニアの日本領事館・杉原千畝（領事代理）が「命のビザ」をユダヤ系難民に発給（6000人のユダヤ人を救済、独断決裁）。外務省の意向と反し人道主義を貫く
- 8.3 リトアニア、ソ連に併合される
- 8.25 リトアニアのカウナスにある日本領事館閉鎖
- 9.12 仏、ラスコー洞窟壁画発見
- 10.12 独軍、ルーマニア侵攻
- 10.28 伊軍、ギリシャに侵攻
- 同 ヒトラー、ムッソリーニ会見（チャップリン揶揄）
- 10.31 バトル・オブ・ブリテン（イギリス本土航空決戦）終了
- 11.5 米、ルーズベルト3選
- 11.22 トルコ全土戒厳令

日本の出来事

- 1.14 第36代阿部信行内閣総辞職
- 1.16 第37代米内光政総理内閣成立（良識派・海軍大将・三国同盟憂慮）
- 2.2 斎藤隆夫の反軍演説
- 2.11 「皇紀2600年祝典」囚人恩赦（日本、1873～1948年紀元節とされる）（日本、1967年より建国記念日となる）
- 3.7 斎藤隆夫、戦争批判により除名
- 3.29 地方税公布
- 3.30 汪兆銘、南京で親日政府樹立
- 4.10 米穀強制出荷命令
- 5.18～9.4 日本軍、中華民国の重慶を空襲
- 6.14 隅田川、勝鬨橋開通
- 6.24 近衛文麿、新体制運動推進表明
- 7.15 満州国・新京に建国神廟創建
- 7.22 第2次近衛文麿内閣成立
- 7.26 閣議「基本国策要綱」決定（大東亜の新秩序・国防国家）
- 7.27 大本営政府連絡会議（要綱）決定※
- 8.1 国民精神総動員「贅沢は敵だ！」
- 8.15 立憲民政党解散、議会民主停止
- 9.1 マスコミ界の統一化はじまる
- 9.19 御前会議
- 9.22 日本軍、仏領インドシナに進駐（日仏印軍事協定成立）
- 9.27 日独伊三国軍事同盟成立
- 同 浙江省で細菌戦（731部隊）
- 10.1 第5回国勢調査（内地人口7311万4308人、外地3211万1793人）
- 10.12 大政翼賛会発足
- 10.17 神嘗祭
- 同 日本基督教団設立
- 10.31 敵性語追放令（たばこ・野球語）
- 11.3 10人以上出産家庭表彰
- 11.10～14 紀元2600年祝賀行事各地で挙行
- 11.24 西園寺公望死去、91歳
- 12.5 西園寺公望国葬
- 12.31 言論統制1県1紙新聞へ

福島県の出来事

- 3.28 棚倉町大火、180戸焼失
- 4.1～5.10 紀元2600年奉祝歌「紀元2600年」（福島市信夫山公園・県教育会館入場者30万人を記録。提灯行列・旗行列、全国の神社で浦安の舞。赤飯用餅米特配
- 4.2 安積郡富久山町大火、173戸焼失
- 4.6 男子17～19歳体力検定
- 7.6 贅沢品製造販売制限公布、「贅沢は敵だ！」標語公示
- 8.5 米通帳割り当て制2合7勺
- 8.14 政治結社解散
- 8.15 「贅沢は敵だ！」の立て看板、全国に配置
- 9.21 「報国債権」売り出す
- 9.25 「朝食廃止運動」提唱（橋本清吉知事ら）
- 10.1 県人口162万5521人、世帯数27万5039戸（参照に2015年2月1日現在は193万3753人）

【世相】ことば：「バスに乗りおくれるな」「零戦」「パーマネントはやめませう」
歌：「東京花売娘」岡晴夫、「暁に祈る」伊藤久男、「湖畔の宿」「誰か故郷を想わざる」
本：『三国志』吉川英治、『旅愁』横光利一、『如何なる星の下に』高見順、『蒼空』丘灯至夫（詩人）
映画：「ロビンフットの冒険」「風の又三郎」

1940 (昭和15年) 年齢　　歳

私の記録

1941 (昭和16年)

辛巳／かのとみ　　紀元（皇紀）2601年

世界の出来事

1.6	米海軍、戦艦ミズーリ起工
1.10	独・ソ不可侵条約更新
1.22	中国共産党、国民政府に国共調整臨時弁法要求
2.14	野村大使、ルーズベルト大統領と初会談
2.15	堀切駐、伊大使ムッソリーニと初会談
2.23	グレン・シーボーグら元素94番プルトニウム発見、分離に成功
4.3	独ロンメル将軍、北アフリカ戦線で英軍撃破
4.6	ユーゴスラビア、ソ連と不可侵条約締結
同	独・伊軍がユーゴスラビア、ギリシャに侵攻（17日ユーゴスラビア降伏）
4.23	ギリシャ、独に降伏
5.6	スターリン、ソ連首相に
5.27	独戦艦ビスマルク沈没
同	米ルーズベルト大統領、国家非常事態宣言発令
6.22	独、ソ連に宣戦布告
8.14	英チャーチル首相と米ルーズベルト大統領が大西洋憲章発表
11.19	朝河貫一（米・イエール大学教授）、ルーズベルト大統領に日米開戦回避のため昭和天皇に親書を送るよう働きかけをラングドン・ウォーナーの協力を得て行う（12月2日に「親書草案」を提出）
11.26	米ハル国務長官、日本側の乙案拒否（日本軍の撤兵要求）
11.27	米、最後通牒と結論
12.6	英、フィンランド・ハンガリー・ルーマニア王国に宣戦布告
12.8	米、対日宣戦布告
12.11	独・伊、対米宣戦
12.9	中華民国、日独伊に宣戦布告

日本の出来事

1.1	近衛総理所感
1.2	大日本帝国海軍航空部隊、昆明爆撃
1.8	東條英機陸相「戦陣訓」通達
1.21	松岡外相、タイ・仏領インドシナ紛争を調停、両国受諾
1.23	野村駐米大使、横浜港より出発
1.31	タイ・仏領インドシナ紛争、停戦妥結
2.1	第1回東亜児童大会（満州・蒙古）
2.11	李香蘭、日劇出演ファン殺到
2.16	蒙古聯合自治政府主席徳王一行、靖国神社・明治神宮に参拝
3.8	野村駐米大使、ハル国務長官と交渉（ハル・ノートが問題となる）
3.10	治安維持法、全面改訂
4.1	国民学校令施行（ドレミがイロハに）
同	生活必需物質統制令施行
4.5	日本癌学会創立
4.6	琵琶湖で第4高等学校漕艇部11人遭難、全員死亡（「琵琶湖哀歌」に）
4.13	日ソ中立条約締結
5.20	東京港開港
5.27	日本軍、重慶を爆撃（102号作戦）
7.18	第3次近衛文麿内閣成立
7.20	第1回海の記念日
7.26	極東米軍、フィリピンに創設
8.1	米、石油の対日輸出全面禁止発表
10.18	東條英機が総理大臣となり組閣
11.15	第77臨時議会、施政方針演説
12.8	真珠湾攻撃・大東亜戦争開戦（名称戦後「太平洋戦争」に）
12.10	日本軍マレー沖海戦、グアム占領
12.21	日本、タイ王国と日泰同盟
12.25	日本軍、香港占領（英軍降伏）

福島県の出来事

1.1	タオル、切符制年1人1本、全国映画館ニュース強制上映（民友新聞休刊、1県1社統制）
2.7	電力増強のため猪苗代湖の湖面低下本工事着手
2.12	福島・郡山放送局開局
4.1	中等学校制服・男子国民服戦闘帽に、女子も制服に
5.2	県翼賛文化協会発足、郡山翼賛文化協会結成
5.8	毎月2回食堂は肉なし日に
6月	矢吹ヶ原、陸軍訓練場に
7.7	新聞用紙供給制限（4頁に）
7.22～23	台風で阿武隈川氾濫、福島地方大洪水、中通り・会津で死者・行方不明者46人、川前村で340ミリを記録
8.1	資源回収協議会結成
9.1	小名浜鉄道開通（泉～）
10.1	乗用車ガソリン使用禁止
10.28	会津柳津宮下線開通
11.4	福島県内銀行合併「東邦銀行」に
11.23	二本松が生んだ世界的声楽家・関谷敏子自殺、38歳
12.1	歩兵29番隊、南方派遣のため若松を出発
12.8	日米開戦で県内緊張。新聞ラジオでの天気予報・気象報道を中止

【世相】○「そうだその意気」流行　○日本帝国総人口1億522万6000人（朝鮮・満州を含む）　○日本の高等教育を受けていた学生数は中学・高等女学校生114万人、高等専門16万人、大学生8万人　○天気予報終了　ことば：「そうだその意気」「八紘一宇」　歌：「めいこ仔馬」双葉あき子、「歩くうた」作詞・高村光太郎、「戦陣訓の歌」　本：「智恵子抄」高村光太郎、「新篇　路傍の石」山本有三、「人生論ノート」三木清、「少年倶楽部」〈新年号などでは戦時体制一色〈兵隊さん、慰問絵はがきお手本集など〉で言論出版の封殺、同誌掲載の「のらくろ探検隊」〈作画・田河水泡〉は軍を侮辱の理由で10月号で突然終了〉　映画：「戸田家の兄妹」小津安二郎、「馬」山本嘉次郎、「みかへりの塔」清水宏、「次郎物語」島耕二、「スミス氏都へ行く」　大相撲：横綱・羽黒山　金属統制：木製ボール紙バケツ、陶製ボタン・分銅、蝋クレヨン、熱湯アイロン

1941 (昭和16年) 年齢　　歳

私の記録

1942 （昭和17年） 壬午／みずのえうま 紀元（皇紀）2602年

世界の出来事		日本の出来事		福島県の出来事	
1.1	ワシントンDCで連合国共同宣言（枢軸国と不講和）	1.1	塩通帳配給制・ガス使用割当制	1.1	民報新聞「ハワイ空襲」掲載
1.8	英・米軍、タイ王国都市攻撃	1.2	日本軍、マニラ占領	2.1	若松編成214連隊がビルマ侵攻作戦へ出発
1.20	ナチス、ユダヤ人1100万人殺害決定（ヴァンゼー会長）	1.3	神風号・飯沼飛行士マレー戦死	同	味噌・醤油の切符制配給、衣料の点数切符制実施。衣料点数1人1年間80点まで
1.25	タイ王国、英米に宣戦布告	1.8	第1回大詔奉載日		
2.1	毛沢東、中国共産党で整風運動開始	1.10	各映画社合併「大日本映画」設立		
2.25	ロサンゼルスの戦い（日本軍がロスを攻撃との米側の謀略？）	1.11	日本軍、セレベス島上陸	3.1	若松歩兵29連隊ジャワ上陸作戦（5日首都ジャカルタに1番乗り占領と伝わる）
3.12	マッカーサー、フィリピンからオーストラリアに脱出	1.18	日独伊軍事協定調印（ベルリン）	同	新聞定価、1ヵ月1円
3.28	英空軍、リューベック大空襲	1.23	日本軍ラバウル上陸（2月4日ジャワ沖へ）	3月	郡山徳定海軍飛行場建設（大槻村・守山町・高瀬村）
4.19	マッカーサー司令官就任	2.9	日本軍シンガポール上陸（15日陥落）	4.1	東北配電会社設立
5.5	英軍、マダガスカル上陸	2.27	スラバヤ沖海戦（3月1日ジャワ上陸）	同	福島電気工業学校開校
5.28	メキシコ、枢軸国に宣戦布告	3.5	東京に初の空襲警報発令（演習？）	4.11	大沼郡宮下村大火、118戸
5.30	英空軍、ケルン大空襲	3.8	日本軍、ラングーン占領。ニューギニア・サラモア上陸	5.8	会津郷開拓団254人、興安東省に開拓移民として出発
6.5	米軍、ミッドウェー海戦で日本に勝利	4.1	帝国石油設立	5.9	軍人家族慰問「能楽大会」（福島市公会堂他）
6.10	ナチス独、チェコのリディツィで住民虐殺	4.9	バターン死の行進（フィリピン）	同	金属回収（寺院の仏具や梵鐘も）
6.14	ユダヤ人少女のアンネ・フランクが、アムステルダムの隠れ家で日記を書きはじめる（アンネは1945年3月、独のベルゼンの強制収容所でチフスに罹患して死去、15歳）	4.18	米機、東京・名古屋・神戸初空襲（ドーリットル空襲、米空母発進16機）	7.7	第42代県知事荒木慶夫に
		4.30	第21回衆議院議員選挙（翼賛選挙）	8.15	福島市最高気温39.1度
		5.1	日本軍、ビルマ・マンダレー占領	9.17	若松歩兵29連隊、ガダルカナルへ出発
		5.7	珊瑚海海戦（空母同士初海戦）《この時より大本営発表（過大報道に）》	11.5	石炭節約標語（節約勧奨）「石炭が国を動かす敵を撃つ」
6.24	独軍、レジャーキ虐殺	5.17	井の頭自然文化園開園	10.24	若松歩兵29連隊、ガダルカナルで米軍のルンガ飛行場を攻撃、軍旗を失う。同連隊はガダルカナルで玉砕的打撃を受け、少数生存者は翌年2月に撤退
7.16	ホロコースト・ナチス、ユダヤ人1万3000人を検挙	6.5	ミッドウェー海戦（敗北のはじまり）		
8.8〜9	日米第1次ソロモン海戦	6.26	日本ホーリネス教会聖職者逮捕		
8.13	マンハッタン計画	7.1	関門鉄道トンネル開通（貨物のみ）	11.9	福島市初の妊婦一斉健診
8.24	第2次ソロモン海戦	8.23	甲子園・全国中等野球大会開幕（開幕したものも公式記録には残らず、幻の甲子園）	12.28	主要食糧配給業務開始
11.8	連合軍、アフリカ上陸	9.1	大東亜省設置、東郷外相辞任	同	信夫郡荒井に県営種畜場
11.22	独軍、スターリングラードでソ連軍に包囲される	10.11	国鉄の時間表、24時間制に		
		10.26	南太平洋海戦		
		11.1	予科練制服「七つボタン」採用		
		同	産業経済新聞「産経新聞」創刊		
		12.8	ニューギニアで日本軍800人玉砕		
		12.31	日本軍、ガダルカナル島撤退を決定		

【世相】〇5月11日に萩原朔太郎死去（1886年生まれ、56歳）、5月29日に与謝野晶子死去（1878年生まれ、64歳）
ことば：「欲しがりません勝つまでは」
歌：「迎春歌」李香蘭、「明日はお立ちか」小唄勝太郎、「鈴懸の怪」灰田勝彦　本：『海軍』岩田豊雄、『姿三四郎』富田常雄、『ノロ高地』草場栄　映画：「ハワイ・マレー沖海戦」山本嘉次郎、「翼の凱歌」「あの旗を打て」／洋画：「カサブランカ」（日本では戦後上映）／アニメ映画：「バンビ」（ディズニー、戦後上映）　大相撲：双葉山、春夏優勝

1942 (昭和17年) 年齢　　歳

私の記録

1943 (昭和18年)

癸未／みずのとひつじ　　紀元（皇紀）2603年

世界の出来事

- 1.14 米ルーズベルト大統領と英チャーチル首相「カサブランカ会談」
- 2.2 スターリングラード攻防、独第6軍がソ連に降伏
- 2.11 米軍アイゼンハワーが連合軍司令官に
- 2.18 独ゲッペルス宣伝相、ベルリンで「総力戦を宣言」
- 3.4 米、第15回アカデミー賞で「ミニヴァー夫人」が6部門受賞
- 3.31 ニューヨーク・ブロードウェイでミュージカル「オクラホマ！」初演（2248回ロングラン）
- 4.19 ワルシャワ・ゲットー蜂起勃発
- 5.15 ソ連、スターリン指示によりコミュンテルン解散
- 7.5 クルスクの戦い（独・ソ連戦）
- 7.10 連合軍、シチリア島上陸「ハスキー作戦」
- 7.12 太平洋コロンバンガラ沖海戦
- 7.24 米・英空軍による独のハンブルク空襲
- 7.25 伊ムッソリーニ総統失脚
- 8.5 ソ連軍、オリョール奪回
- 9.3 英第8軍部隊、伊のレッジョ・カラブリア上陸
- 9.8 伊、バドリオ政権連合軍に無条件降伏
- 10.13 伊、バドリオ政権が対独に宣戦布告（連合国側に）
- 10.17 泰緬（タイ・ビルマ）鉄道全線開通（「クワイ河マーチ」舞台）
- 11.18 英空軍、ベルリン空襲
- 11.22 ルーズベルト・チャーチル・蒋介石が会談「カイロ宣言」
- 11.28 米・英・ソ連、イランにて「テヘラン会談」

日本の出来事

- 1.1 東京日日新聞と大阪毎日新聞統一
- 1.2 ニューギニア、ブナで日本軍全滅
- 1.7 日本放送協会「前線へ送る夕」放送
- 2.1 日本軍、ガダルカナル島撤退
- 同 電力・電燈の使用規制はじまる
- 2.23 軍ポスター「撃ちてし止まむ」配布
- 3.2 兵役法改正公布（8月1日施行）
- 3.15 治安維持法で大阪商大・名和教授逮捕
- 3.18 首相権限強化、戦時行政特例法
- 3.27 三井・第一銀行合併「帝国銀行」
- 4.9 空襲警報放送にサイレン使用
- 4.18 山本五十六死去、撃墜される
- 4.20 東條英機内閣改造
- 5.1 木炭・薪配給制移行
- 5.21 大本営、山本五十六の戦死を発表
- 5.29 アッツ島にて日本海軍玉砕
- 5.31 御前会議「大東亜政略指導大綱」
- 6.1 「東京都」制公布（7月1日施行）
- 6.5 山本五十六、日比谷公園にて国葬
- 7.21 国民徴用令改正公布
- 7.29 日本軍、アリューシャン列島のキスカ島から撤退実施
- 8.2 米の魚雷艇、日本駆逐艦「天霧」と衝突。艇長ジョン・F・ケネディ負傷、孤島に
- 9.4 上野動物園、空襲に備え象・猛獣等25頭薬殺
- 9.10 鳥取地震
- 9.21 徴兵猶予取消、法文系大学教育停止
- 9.23 勤労挺身隊、25歳未満女子総動員
- 10.21 学徒出陣壮行会、明治神宮外苑に6万5000人が集まり雨中行進
- 10.26 常磐線、土浦駅で3重衝突事故
- 10.30 東京宝塚劇場、月組公演
- 11.5 大東亜会議
- 11.6 「大東亜共同宣言」発表（フィリピン・タイ・ビルマ・満州代表）
- 12.10 文部省、学童の疎開を促進
- 12.24 徴兵年齢1歳引下げ満19歳から

福島県の出来事

- 1.13 内務省情報局、英米の音楽1000曲指定し演奏禁止
- 2月 英語名の雑誌すべて禁止、プロ野球の制服「国防色」に。野球用語もすべて日本語に（阪神・西鉄・黒鷲・大洋）
- ※ストライク＝よし1本、3振＝それまで、ファール＝だめ、セーフ＝安全、タイム＝停止、アウト＝無為など
- 〈上記、日本の出来事と共通〉
- 2.4 ガダルカナル島で飢餓状態に追い込まれた若松歩兵連隊は撤退開始（7日までに終了するも戦没2200人、生還200人であった）
- 同 電力消費3割規制開始、各商店は夕方早く閉店指導
- 4月 バス会社の統合はじまる。福島地方は「福島電鉄」、会津は「会津乗合」。郡山・白河地方は「県南交通」、いわき・平地方は「常磐交通」として中小バス会社は姿を消す
- 同 三菱電機郡山工場発足
- 5月 5階までの建物すべてエレベーター使用禁止
- 6.21 若松市の興徳寺の撫で牛、阿弥陀寺の観音像ら9つの像が応召
- 8.31 国鉄川俣線、営業中止
- 10月 県内全戸に竹槍常備運動、鉄製品の献納運動（自在鉤など木製品に。空襲に備え、各戸で防空壕掘り勧奨）
- 10.3 台風で浜通り被害、漁船多数不明となる
- 10.31 農業団体「福島農業会」発足
- 11.10 福島市役所で火事、2階建て24棟全焼

【世相】○大東亜共栄圏の理想と現実　○食糧自給体制を強化　○東條総理、戦争完遂を国民に訴え
ことば：「撃ちてし止まむ」
歌：「追分しぶき」音丸、「若鷲の歌」霧島昇（作曲・古関裕而）、「湯島の白梅」小畑実・藤原亮子
本：『星の王子さま』サン・テグジュペリ
映画：「姿三四郎」「無法松の一生」「成吉思汗」

1943 (昭和18年) 　年齢　　歳

私の記録

1944 (昭和19年)　甲申／きのえさる　紀元（皇紀）2604年

世界の出来事

- 1.14　ソ連、レニングラード奪還攻勢に（27日解放）
- 1.20　英軍、ベルリン空襲
- 2.17　米軍、トラック島空襲
- 3.18　独軍、ハンガリー占領
- 5.9　ソ連軍、セヴァストーポリ（クリミア半島）解放
- 5.12　独軍、クリミア半島撤退
- 5.18　ソ連軍、タタール人（チンギスハーンの末裔民族）追放
- 6.4　連合軍、ローマに入る
- 6.6　連合軍、ノルマンディー上陸作戦発動
- 6.9　ソ連軍、フィンランド攻撃
- 6.11　米軍、サイパン島マリアナ諸島に空爆開始
- 6.13　独軍、V1機でロンドン攻撃
- 6.17　アイスランド、デンマークから独立
- 6.26　米軍、シェルブールに
- 7.3　ソ連、ミンスク解放
- 7.20　ヒトラー暗殺未遂事件
- 7.21　米軍、グアム上陸
- 7.22　米ハンプシャー州にて国際通貨基金・世界銀行設立
- 8.24　パリ市民、反独蜂起
- 8.25　連合軍、パリ解放
- 8.30　ソ連、ルーマニア占領
- 9.8　独の「V2ロケット」によるロンドン空襲
- 9.9　仏、ド・ゴール臨時政府樹立
- 10.14　独、ロンメル将軍自殺
- 11.7　米、ルーズベルト4選

日本の出来事

- 1.3　米軍、ニューギニア島上陸
- 1.7　大本営、インパール作戦認可
- 1.26　東京・名古屋で初の疎開命令（建物の強制取り壊し）
- 1.29　『中央公論』『改造』編集者逮捕
- 1.30　米軍、マーシャル諸島に侵攻
- 2.4　大学・高専での軍事教育強化
- 2.10　俳優座結成（小沢栄太郎・東山千栄子ら）
- 2.23　「竹槍事件」言論弾圧
- 2.25　決戦非常措置要綱・閣議決定
- 3.3　三綱領（給食・食糧増産・疎開）
- 3.4　宝塚休演最終公演、ファン殺到
- 3.5　茶屋・バー・料亭等閉鎖命令
- 3.8　インパール作戦開始（死者3万人）
- 3.12　岩手県宮古で豪雪、死者164人
- 3.27　初の疎開列車・夜上野発、東北へ
- 3.31　連合艦隊司令長・官古賀峯一殉職
- 4.17　大陸打通作戦開始（50万投入）
- 6.15　米軍、サイパン島上陸
- 同　米軍B29機、中国成都を発ち翌未明北九州・八幡爆撃（B29飛来本土初）
- 6.19　マリアナ沖海戦（あ号作戦）敗北
- 6.23　北海道大噴火、「昭和新山」命名
- 7.7　サイパンで日本軍全滅
- 7.18　東條内閣総辞職
- 7.22　第41代小磯國昭内閣成立
- 8.5　大本営を「最高戦争指導会議」に
- 8.20　米軍機、九州・中国地方来襲
- 8.22　沖縄からの疎開船・対馬丸撃沈（学童700人含む1500人死亡）
- 9.6　第85回臨時会議招集
- 10.10　米軍機動部隊、沖縄本島空襲
- 10.23　レイテ沖海戦
- 11.7　ゾルゲ事件の尾崎秀美処刑※
- 11.14　B29による東京初の空襲
- 12.7　東南海地震 M7.9、死者・行方不明者1223人（政府発表せず）
- 12.13～22　名古屋空襲相次ぐ

福島県の出来事

- 1.4　福島県農業会発足
- 1.14　県下の女子勤労挺身隊、横須賀など各地の工場へ出発
- 2.1　相馬郡原釜で大火、193戸焼失
- 3.5　県内金融機関日曜休日も返上・営業に。歌「月月火水木金金」歌われる
- 3.8～　インパール作戦参加の若松歩兵214連隊、死闘
- 3.16　県会で食糧増産対策案
- 3.24　若松市阿弥陀寺の大仏を供出
- 3.27　学童疎開列車、初東北
- 4月　郡山市、軍都に指定
- 4.1　県立女子医学専門学校開校、商業学校を「経済専門学校」へ
- 同　教員養成「福島青年師範学校」
- 4.18　第44代石井政一知事に
- 4.26　県土防衛のため、第72師団、福島に創設
- 7.1　飯坂・湯野温泉大火、湯野から飯坂に類焼188戸
- 8.14　東京から集団疎開児童、第1陣は猪苗代町に到着。熱海町にも分泊（下谷・忍ヶ岡国民学校165人）
- 10.4　ビルマから中国・雲南に攻め込んだ若松歩兵29連隊は雲南から命令により撤退
- 11.1　県下の国民学校高等課学童7500人が最寄りの事業場工場へ勤労出動
- 同　警防団員の猛訓練
- 12.2　若松歩兵65連隊、中国戦線で最奥地の宣山まで進出するも後退

【世相】※11月7日に1941年9月から42年4月にかけてソ連のスパイよる「ゾルゲ事件」で尾崎秀美（朝日新聞記者）処刑
○たばこ隣組配給制に（男子1日6本まで）
ことば：「疎開」「天王山」
歌：「同期の桜」作詞・西條八十、「ラバウル海軍航空隊」「南方航路」の替え歌「ラバウル小唄」が流行
本：『細雪』谷崎潤一郎（掲載禁止に）、雑誌が整理統合（『中央公論』『改造』に自発的廃刊命令）
映画：「あの旗を撃て」

> # 1944 (昭和19年) 年齢　　歳

私の記録

1945 前半（昭和20年）

乙酉／きのととり　　紀元（皇紀）2605年

世界の出来事	日本の出来事	福島県の出来事
1.2　連合軍、独・ニュルンベルク・バイエルン州空爆	1.1　日本から飛ばした風船爆弾、米・モンタナ州に（『タイム』誌）	1.1　集団疎開の学童3万人が県内で正月
1.9　米軍、ルソン島上陸	1.2　米艦載機500、台湾・沖縄空襲	1.15　安達郡小浜町大火、126戸焼失
1.22　米、ルーズベルト大統領4期に	1.13　三河地震、M6.8、死者・行方不明者3432人	2.16　米軍機、原町空襲、死者4人
1.23　バルジの戦い（独は敗北）	1.18　最高戦争指導会議「本土決戦」と決定	2.25　江名港漁船団、死者131人
1.27　ソ軍、ポーランド「アウシュビッツ強制収容所」を解放	1.29　米艦載機、スマトラ島空襲	3.10　平市（いわき）空襲、死者16人
2.4　「ヤルタ会談」（米・英・ソ）	2.14　近衛文麿、昭和天皇に早期和平提案（近衛上奏文）	4.12～15　郡山市大空襲、B-29が50機襲来、死者530人（保土ヶ谷勤労生徒26人含む）
2.13　ソ連軍、ブタペスト占領	2.19　米軍、硫黄島に上陸	5.1　「新聞非常体制暫定処置要綱」中央毎日新聞社より出向
3.18　米軍、ベルリン空襲	2.23　マッカーサー司令官、マニラ占領	5.24　東京大空襲（都心4回）
4.5　ソ連、日ソ中立条約破棄	3.9～10　東京大空襲（死者約10万人）	6.10　日立市空襲、死者1200人
4.12　ルーズベルト大統領急逝	3.16　硫黄島守備隊司令官・栗林中将が訣別電報を東京に送る（3月26日硫黄島部隊全滅）	6.27　福島・郡山・平で空襲頻発
4.16　トルーマン大統領就任演説「独日無条件降伏まで戦う」と	4.1　米軍、沖縄本島に上陸、阿波丸撃沈	7.5　仙台市空襲、死者1863人
4.22　ソ連軍戦車隊、ベルリン突入	4.5　小磯國昭内閣辞職	7.10　米軍艦載機、郡山・矢吹・原町等来襲
4.25　「エルベの誓い」（米・ソ軍）	4.6　「戦艦大和」出航	7.12～13　仙台市空襲、死者800人。宇都宮市空襲、死者1679人
4.28　ムッソリーニ逮捕、銃殺	4.7　鈴木貫太郎内閣発足	7.17　日立市艦砲射撃、死者317人
4.30　独、ヒトラー、妻と自殺	同　「戦艦大和」坊ノ岬沖海戦で撃沈さる	7.19　日立市空襲、死者2199人
5.2　ベルリン陥落	5.1　「鎌倉文庫」創設（貸本屋・久米正雄）	7.20　新潟・長岡市、午前8時13分、模擬原子爆弾パンプキン型投下、この時から模擬原子爆弾投下
5.7　独軍、無条件降伏	5.9　駐日独大使館、ヒトラー告別式	同　福島市に模擬原子爆弾投下、午前8時34分、死者1人、負傷2人
5.23　連合軍のドイツ直接統治統治権（米・英・仏・ソ）	6.8　第87回臨時議会招集	同　平市（いわき）模擬爆弾投下
6.26　国際連合憲章、サンフランシスコ会議	6.23　沖縄守備司令官・牛島満自決	同　日立市に模擬爆弾投下、死者1人
7.16　米、ニューメキシコ州アラモードで原子爆弾実験成功	7.28　日本、ポツダム宣言無視	7.26　平市（いわき）に模擬爆弾投下
7.26　「ポツダム宣言」（米・英・中華民国による日本へ降伏要求宣言、ベルリン郊外ポツダム）	8.6　米軍、広島に原爆投下（午前8時15分）	同　日立市に模擬爆弾投下
8.11　ソ連軍、南樺太へ侵攻	8.8　ソ連、深夜日ソ中立条約破棄・宣戦	7.29　郡山市に模擬原子爆弾投下、死者49人、負傷224人
8.14　マッカーサー、連合国最高司令官に就任	8.9　米軍、長崎に原爆投下（午前11時2分）	8.5　前橋・高崎市空襲、死者1323人
8.16　スターリン、北海道占領要求、トルーマン大統領はこれを拒否	8.10　御前会議、ポツダム宣言受諾決定	8.9～11　県・中通り浜通りに連日空襲、宮城県各地空襲
8.23　ソ連、日本軍捕虜をシベリアに移送・抑留	8.14　午後、宣言受諾を連合国に通知	8.15　終戦「大東亜戦争終結の詔書」（県人戦没者、6万6000人推定）
8.28　蒋介石・毛沢東会談	8.15　昭和天皇、玉音放送（正午）・終戦	9月　学校教科書、これまでの国語・社会・歴史など軍事・道徳に関する内容はすべて墨で抹消
9.2　北緯38度線で朝鮮半島米ソ分割統治（マッカーサー）	同　鈴木貫太郎内閣総辞職	
同　ベトナム民主共和国成立	8.17　東久邇宮内閣成立	
9.3　ソ連、日本北方領土占領	8.18　満国皇帝・愛新覚羅溥儀退位	
9.5　マレーに英軍上陸	8.20　灯火管制解除、天気予報復活	
9.6　朝鮮人民共和国建国宣言	8.23　日本陸海軍の復員開始	
9.8　米ソ連、朝鮮分割統治開始	8.28　東久邇宮「一億総懺悔」発言	
9.10　インドネシア放送開始	8.30　マッカーサー、厚木飛行場に到着	
9.21　朝鮮の米軍政庁、一般命令第5号「日本の神社法など朝鮮人弾圧の諸法律廃棄」通達	9.1　NHK仙台・熊本、放送開始	
	9.2　東京湾ミズーリ艦上で降伏文書調印（重光葵・梅津美治郎ら降伏文書調印）	
	9.11　GHQ 東條英機ら戦犯容疑者逮捕令	

1945 前半 (昭和20年)　年齢　　歳

私の記録

1945 後半 (昭和20年) 乙酉／きのととり 紀元（皇紀）2605年

世界の出来事	日本の出来事	福島県の出来事
9.26 仏軍、サイゴン占領	9.14 大日本政治会解散	9.23 日本放送協会、占領軍向け放送（AFRS）開始
10.8 インドネシア共和国、英・オランダと戦争	9.15 GHQ、総司令部を日比谷第一生命館に	同 連合軍の設営先発隊、郡山に進駐（24日は福島・若松へも）
10.10 中国国民党と中国共産党との内戦回避に「双十協定」	同 『日米会話手帳』（誠文堂新光社）発刊（最終的には350万部）	9.28 GHQ、軍用資材を利用して繊維製品など民需物資の生産を許可（日東紡）
10.14 平壌、ソ連解放軍を歓迎（金日成、公開演説）	9.17 枕崎台風、死者・行方不明者3756人	10月 米英のポピュラー・ジャズ「センチメンタルジャニー」など一気に巷に広がる
10.21 フィリピンから日本向けの第1回目の引揚げ船（540人、広島宇品港帰着）	同 満州・瑞穂村開拓団集団自決、495人	10.10 初の戦後企画映画「そよ風」が公開（挿入歌「リンゴの唄」が大流行、戦後ヒット曲第1号）
10.24 国際連合発足（加盟51ヵ国）	同 重光葵外相辞任、後任に吉田茂	同 GHQ、5大改革 ①婦人解放 ②労働者団結権 ③教育自由化 ④専制政治からの解放 ⑤経済の民主化（県内も推進）
10.25 台湾領有権、中華民国に	9.20 これまでの教科書、黒塗り指示	
11.10 インドネシア独立戦争	9.22 日本放送遵則発令	
11.13 シャルル・ドゴール、仏臨時政府首班に	9.25 外人記者、昭和天皇にインタビュー（チャップリンに似ていると印象語る）	
11.16 UNESCO（ユネスコ、国際連合教育科学文化機関）採択	同 復員船第1号「高砂丸」別府到着	
11.20 ニュルンベルク裁判始まる（独、戦犯審議開廷）	9.27 昭和天皇、マッカーサー元帥訪問	10.27 第45代増田甲子七知事
11.29 ユーゴスラビア社会主義連邦共和国成立（ヨシップ・チトー首相）	9.29 新聞各紙、天皇・マッカーサー訪問記事「新聞と言論の自由に関する新処置」で大きく掲載（GHQ認可・指示）	11.24 戦後初の県議会開催
同 米、世界初電子計算機開発発表	10.2 GHQ、SCAP（連合国軍最高総司令部）設置	11.29 GHQ、福島軍政部を県教育会館に設置
12.16〜26 モスクワ三国外相会議（米・英・ソ連、極東政策）	10.3 世界労働組合連盟発足、歌舞伎再開	12月 郡山にダンスホール開設
	10.5 東久邇宮内閣総辞職	12.31 NHKラジオ「紅白音楽試合」（「紅白歌合戦」の前身）放送
	10.6 特高廃止	同 GHQ、これまでの修身・国史・地理の授業中止、「墨塗教科書」回収〈上記5月〜12月の出来事の一部、日本の出来事と共通〉
	10.9 幣原喜重郎内閣成立	
	10.10 これまでの政治犯11人釈放	
	10.11 憲法改正・GHQ指導（5大改革）	
	10.15 治安維持法廃止	
	10.19 駅名など、左書きに統一	
	10.22 「日本教育制度ニ対スル管理政策」発令	
	10.29 日本勧業銀行・第1回宝くじ発売	
	11.2 日本社会党結成（片山哲書記長）	
	11.3 新日本婦人同盟結成（市川房江会長）	
	11.6 GHQ、財閥解体を指令	
	11.9 日本自由党結成（鳩山一郎総裁）	
	11.26 第89回臨時議会招集	
	12.3 日本国民、天皇支持78%	
	12.9 GHQ、農地改革を指令	
	12.15 GHQ、国家神道の廃止（神道指令）	
	12.16 近衛文麿、服毒自殺	
	12.17 婦人参政権認可	

【世相】○メチルアルコールによる死者続出　○この年、プロ野球・高校野球中止
○1945年8月15日以後の日本は、今後いかに成すべきか、個人にあっては生きることのみの生活。
ことば：「1億総懺悔」「堪ヘ難キヲ堪ヘ忍ヒ難キヲ忍ヒ」「DDT」
歌：「男散るなら」霧島昇・近江俊郎、「神風特別攻撃隊の歌」伊藤武雄・安西愛子
本：『日米會話手帳』、雑誌『新生』発刊
映画：「そよ風」「ユニコーンの叫び」

1945 (昭和20年) 後半

年齢　　　歳

私の記録

1946（昭和21年） 丙戌／ひのえいぬ

世界の出来事	日本の出来事	福島県の出来事
1.1 仏、銀行国有化	1.1 詔書（天皇の人間宣言）	2.11 県工業試験場、若松市に
同 米ソ連、ソウル会談	1.4 GHQ、公職追放指令（軍人関連）	2.15 県地方労働委員会発足
1.10 国際連合第1回総会開催	1.15 GHQ、青函連絡船1・2等室接収	2.20 県内新聞1紙制限解除、『福島民友新聞』復刊なる
1.12 国連安全保障理事会開催	1.18 南朝子孫熊沢天皇、他10数名乗り	3.16 婦人民主クラブ結成
2.26 極東委員会第1回会議開催（ワシントン）	1.19 マッカーサー、極東国際軍事裁判所設置命令	3.24 集団疎開児童、飯坂町を最後に全員帰京
3.5 チャーチル前首相「ソ連は鉄のカーテン」と演説	同 「のど自慢」（NHK）放送開始	4.6 社会教育課創設
3.24 米より日本へ初輸入米、カリフォルニアから7000トン	1.23 神社本庁設立（宗教法人の一つ）	4.10 戦後初第22回衆議院選。新選挙法、3人連記投票制。全県1区、進歩6・自由4・社会2・無所属1・内女性2
4.6 満州から日本へ初の集団引揚げ船209名、博多へ	1.30 日本ジャーナリスト連盟設立	
4.11 ジャワ・スマトラより初の引揚げ者3916人、広島入港	1.31 英軍、日本進駐開始	4.20 国鉄川俣線復活
4.18 国際連盟解散決議	2.1 第1次農地改革実施	4.27 第46代石原幹一郎知事に
5.31 中華民国政府、南京遷都	2.3 マッカーサー、憲法3原則を指示。「基本的人権・平和憲法・主権在民」	5.1 メーデー復活（11年振り）、福島市2万5000人
同 ヨルダン・ハシミテ王国成立	2.17 預金封鎖	5.20 田島町で大火、455戸焼失
6.2 伊、国民投票により王政廃止を決定	2.19 横浜で第1回天皇巡幸開始	5.23 映画「はたちの青春」でわが国初の接吻場面、話題に
6.10 伊共和国成立	2.20 ソ連、千島・樺太の領有布告	7月 作家・東野辺薫、小説『和紙』を出版
6.18 キーナン主席検事、一時帰国中ワシントンで天皇を訴追しないと表明	3.1 労働組合法施行	
	3.15 国鉄労組	7.26 県教員組合結成
7.1 米、ビキニ環礁で原爆実験	4.7 沖縄「ひめゆりの塔」建立	8.6 民友新聞、1ヶ月8円
7.4 フィリピン共和国、米より独立	4.8 国民学校、最後の入学式	8.11 県下女子陸上競技で日東紡・坂口玉子選手60メートル、日本新
7.12 中華民国、第3次国共内戦開始	4.10 第22回衆議院議員総選挙（女性39人当選）	
8.24 インドネシア国、独立	4.22 幣原喜重郎内閣総辞職	9月 復活、第1回県下中等学校体育大会開催
9.29 ベトナム、対仏独立宣言	4.23 常用漢字1295字に	9.8 小名浜臨海鉄道会社で労組幹部解雇問題で争議
10.1 ニュルンベルク裁判判決	4.24 沖縄民政府発足	9.30 県教育会解散
同 GHQ、皇太子家庭教師としてヴァイニング夫人来日	4.27 婦人警官62人採用（警視庁初）	10.10 若松市、都市計画道路会津若松駅門田線竣工（通称・神明通り、11月3日開通式）
12.2 独、英米占領区域統合協定を締結（バイゾーン）《東西ドイツ分断の引き金に》	4.30 鳩山一郎が自由党単独組閣	
	5.3 極東国際軍事裁判所開廷（東京裁判）	11.20 南会津郡楢原村、町制に
	5.10 米アイゼンハワー参謀総長、来日	12.3 「話の泉」（NHK）放送開始
	5.22 第1次吉田茂内閣成立	12.28 宮下発電所一部完成
	8.15 全国中等学校野球大会再開（西宮）	同 金山村、本名発電所落成
	9.1 医師国家試験制度実施	
	9.29 日本赤十字、満州引揚者移送開始	
	11.1 第1回国民体育大会開催	
	11.3 「日本国憲法」公布、昭和天皇臨席	
	11.16 文部省「当用漢字」発表	
	11.20 日本商工会議所設立	
	12.5 樺太引揚げ第1船、函館入港	
	12.7 シベリア引揚げ第1船、舞鶴入港	
	12.21 昭和南海地震、M8.0、和歌山潮岬、死者1443人	
	12.30 文部省6・3・3・4教育制度発表	

【世相】〇GHQ：連合国軍最高司令官総司令部、大東亜戦争（太平洋戦争）の終結に際してポツダム宣言の執行のため、日本において占領政策を実施した連合国軍機関。職員は米・英・オーストリアの軍人民間人で構成。進駐軍。
ことば：「あっ、そう」「カストリ」「バクダン」
歌：「リンゴの唄」霧島昇・並木路子、「長崎シャンソン」樋口静雄、「かえり船」田端義夫
本：『腕くらべ』永井荷風、『愛情は降る星のごとく』尾崎秀実、『サザエさん』長谷川町子（当初『夕刊フクニチ』へ連載、のちに『朝日新聞』へ転載となる）

1946 (昭和21年) 年齢　　歳

私の記録

1947 (昭和22年)　丁亥／ひのとい

世界の出来事	日本の出来事	福島県の出来事
1.1　英、石炭・電気通信国有化	1.1　吉田総理、年頭の辞（労組幹部非難）	1.11　県農地委員選挙、日農進出
1.22　仏、ラマディエ内閣成立	1.4　箱根駅伝復活、石炭事情悪化	1.28　吉田亡国内閣打倒危機突破集会、福島大会開催
2.12　ソ連、シホテアリニ隕石	1.20　学校給食開始	同　県炭鉱労働組合
2.20　輸出品に製造国明記に	2.1　GHQ、二・一ゼネスト中止命令	2.1　福島市、渡利村・杉妻村編入合併
2.23　国際標準化機構（ISO）発足	2.12　日本ペンクラブ再建（志賀直哉）	3月　瀬上・岡山・鎌田・清水・吉井村と編入合併
3.1　国際通貨基金（IMF）開始	3.22　日本国鳥「きじ」に決定	3.14　第47代阿賀正美県知事
3.12　トルーマン・ドクトリン（共産主義封じ込め政策）	3.31　衆議院解散（帝国議会終幕）	3.20　本県初「復興宝くじ」発売
4.28　インカ文明イースター島伝播説「コンチキ号」出航	同　「教育基本法」交付（4月1日施行）	4.5　第1回県知事選挙施行、初の民選知事。第48代県知事に石原幹市郎（市町村選挙）
5.4　仏、共産党閣僚全員罷免	同　民主党結成	4.20　第1回参議院議員選挙
5.29　伊、ガスペリ首相のよる共産・社会両党との絶縁声明	4.7　労働基準法公布（9月1日施行）	4.25　第23回衆議院議員選挙
5.30　伊、共産党排除内閣	4.8　職業安定所設置	同　本県初の女性校長誕生（現・磐梯第2小学校、五十嵐ツナ）
6.5　米、マーシャルプラン（第2次大戦後疲弊した欧州諸国に対し米が推進した復興援助計画）発表	4.17　地方自治法公布（5月3日施行）	4.30　戦後初の県議会議員選挙、民主27・自由5・社会10・諸派4・無所属13
6.24　米、ケネス・アーノルド事件「UFOの日」	4.20　第1回参議院議員選挙	4月　福島市に高野広治氏ら男性合唱団結成、8月には女性参加FMC混成合唱団結成
7.2　ロズウェル事件	同　長野・飯田市大火、4000戸焼失	4.25　若松市、新制中学校創立（若松第1～4中学校）
8.15　インド・パキスタン分離独立	4.25　第23回衆議院議員総選挙	5.6　第1回県総合美術展開催（福島市）
同　英、ポンド交換性回復	4.30　国立国会図書館法公布	5.30　日本大学工学部、郡山に
8.22　ハンガリー共産党、躍進	5.1　昭和天皇初の記者会見	6.9　『青い山脈』石坂洋次郎、発刊
9.18　米、ペンタゴン・CIA発足	同　中央気象台、地震観測所開設	7.5　ラジオドラマ「鐘の鳴る丘」放送開始
10.14　米、「X-1機」音速突破	5.3　「日本国憲法」施行（皇室典範他も）	7.12　藤原歌劇団、日本初演
10.29　23ヵ国、関税および貿易に関する一般協定（GATT）に調印（翌年1月1日発効）	同　総理庁・検察庁発足	8.5　昭和天皇ご来県、奉迎
11.7　ルーマニア共産党政権に	5.20　第1次吉田茂内閣総辞職	9.14　カスリーン台風、県内死者9人（静御前堂の天然記念物・松が倒壊）
11.20　英、エリザベス女王結婚	5.24　第46代片山哲内閣（社会党）成立	11.1　「二十の扉」（NHK）放送開始
11.29　国連総会、パレスチナ分割案可決（国連決議181号）	5.26　阿蘇山爆発	
同　ミーチャック村虐殺事件	6.4～15 昭和天皇、関西を巡幸※	
	6.8　日本教職員組合（日教組）結成	
	7.13　登呂遺跡発掘開始	
	8.4　最高裁判所発足	
	8.14　浅間山爆発	
	9.14　キャサリン台風、死者・行方不明者1529人	
	10.1　臨時国勢調査（人口7810万1473人）	
	10.18　災害救助法公布	
	10.21　国家公務員法公布	
	10.26　改正刑法公布（不敬罪・姦通罪廃止）	
	11.25　第1回共同募金(赤い羽根)開始	
	12.1　100万円宝くじ（即日完売）	
	12.7　第1回朝日マラソン（熊本市）	
	12.10　第2回国会召集	
	12.12～児童福祉法、警察法、戸籍法（家から夫婦へ）公布	

【世相】※10月10日、東京裁判。キーナン判事「天皇と実業家に戦争責任はない」言明。
ことば：「集団見合い」「冷たい戦争」
歌：「夜のプラットホーム」二葉あき子、「とんがり帽子」川田正子　　本：『斜陽』太宰治
映画：「花咲く家族」「長屋紳士録」「鉄拳の街」「轟先生」／洋画：「永遠の処女」「ガス燈」「心の旅路」「荒野の決闘」「銀嶺の果て」「石の花」（ソ連）
スポーツ：水泳400メートル自由形で古橋広之進が4分38秒で世界新記録。相撲・野球など、活発になってきた年。

1947 (昭和22年) 年齢　　歳

私の記録

1948 (昭和23年) 戊子／つちのえね

世界の出来事

1.1	伊共和国憲法施行
1.4	ビルマ（現ミャンマー）、英から独立
1.30	サンモリッツ冬季五輪（日本・独参加不許可）
同	インド、マハトマ・ガンジー暗殺
2.4	セイロン（現スリランカ）、英連邦内の自治区として独立
2.25	チェコスロバキア共産化
3.17	英・仏・オランダ・ベルギーら対ソ連の為ブリュッセル条約締結（NATOの前身）
4.1	ソ連、西ベルリンと西独陸上交通規制強化
4.6	欧州経済機構（OEEC）発足
4.7	世界保健機構（WHO）ジュネーブで発足
5.14	イスラエル独立宣言（英・グリオン首相テルアビ）
5.15	第1次中東戦争対アラブ
5.18	中華民国立法院成立（南京）
5.28	南アフリカ連邦、アパルトヘイト政策（マラン首相）
6.3	米、パロマ天文台完成
6.24	ソ連、ベルリン封鎖
6.30	トランジスタの発明を発表（ベル研）
7.29	ロンドン五輪（日本不参加）
8.15	大韓民国樹立（李承晩）
9.9	朝鮮民主主義人民共和国成立（北朝鮮・金日成）
12.1	コスタリカ自主軍隊廃止
12.10	国際連合、世界人権宣言

日本の出来事

1.1	二重橋を解放、国民一般参賀
1.4	日米国際電話再開
1.6	ロイヤル米陸軍長官「日本を共産主義に対し防壁とする」と声明
1.24	GHQ指示により朝鮮学校閉鎖令
1.26	帝銀事件（行員毒殺現金奪取）
2.10	片山哲内閣総辞職
2.12	日本非武装化採択（極東委員会）
3.7	新警察制度発足・国家消防庁設置
3.10	芦田均内閣成立
3.16	経団連初代会長に石川一郎就任
4.1	新制高等学校発足
4.3	考古学協会発足
4.17	東宝争議、生産管理の映画製作
5.1	海上保安庁設置
同	琉球銀行設立
同	美空ひばりデビュー、笠置シズ子活躍
5.2	サマータイム制実施
5.12	厚生省、母子手帳配布
6.13	太宰治、玉川入水自殺
6.19	両院で「教育勅語」排除決議※
6.28	福井地震、死者3895人、全壊4万戸
7.13	優生保護法公布
8.15	忠犬ハチ公銅像再建除幕式
8.29	ヘレンケラー来日（2度目・前回1937年）
9.15	アイオン台風上陸
9.18	全日本学生自治会総連合結成
10.1	警視庁、犯罪専用電話110番設置
10.7	芦田均内閣総辞職
10.19	第2次吉田茂内閣成立
11.3	初めての文化の日
11.12	東京裁判結審、東條以下7名死刑
11.23	第1回全日本合唱コンクール
12.23	衆議院解散
同	東京裁判死刑執行
12.24	GHQ、岸信介・安倍源基ら釈放

福島県の出来事

1.11	福島市県営住宅火災、9棟全焼（戦災引揚げ者106世帯被災）
2.11	県初の成人式（杉妻会館）
3.11	常磐炭鉱、労働者15万人（新聞「炭鉱版」特集）
3.22	農業共済組合連合会発足（福島県、全国初）
6.24	郡山市柳内繁華街大火、73棟全焼、108世帯被災
7.1	新聞定価1ヵ月42円に
7.20	初の県立公園指定（霊山・南湖・磐城海岸・奥久慈・霞ヶ城・岳・磐梯吾妻）
8.15	「農業協同組合」各市町村に発足
9.8	ヘレンケラー、本県訪問
9.10	第1回県総合体育大会（福島市内・10会場、13競技、3000人参加）
9.15	アイオン台風上陸（県全域被害、死者・行方不明者16人、本宮で3割浸水、関東・東北で死者・行方不明者2368人）
12.5	会津線七日町駅、旅客駅となる

【世相】※教育勅語12の徳目（失われた教育勅語、特に問題は最尾の2項とされた）父母ニ孝ニ　兄弟ニ友ニ　夫婦相和シ　朋友相信シ　恭儉己レヲ持シ　博愛衆ニ及ホシ　學ヲ修メ業ヲ習ヒ　以テ智能ヲ啓發シ　德器ヲ成就シ　進テ公益ヲ廣メ世務ヲ開キ　常ニ國憲ヲ重シ國法ニ遵ヒ　一旦緩急アレハ義勇公ニ奉シ　以テ天壤無窮ノ皇運ヲ扶翼スヘシ

ことば：「アルバイト」「鉄のカーテン」　歌：「東京ブギウギ」笠置シヅ子、「湯の町エレジー」近江俊郎、「憧れのハワイ航路」岡晴夫、「フランチェスカの鐘」二葉あき子、「異国の丘」　本：『人間失格』太宰治、『ビルマの竪琴』竹山道雄、『この子を残して』永井隆　映画：「酔いどれ天使」「破戒」／洋画：「アパッチ砦」

1948 (昭和23年) 年齢　　歳

私の記録

1949（昭和24年） 己丑／つちのとうし

世界の出来事

- 1.31 中国人民解放軍、北京無血入城
- 4.1 アイルランド共和国成立
- 4.4 米、北大西洋条約調印。北大西洋条約機構（NATO）発足
- 4.23 中国共産党、中華民国の首都・南京制圧
- 5.5 ロンドン条約に基づき欧州評議会発足（47ヵ国加盟）
- 5.11 イスラエル、国連59番目の加盟国として認定
- 同 シャム、タイ王国に変更
- 5.12 ソ連、ベルリン封鎖解除
- 7.27 世界初のジェット旅客機完成（英・デハビランド社DH106）
- 8.8 ブータン王国独立
- 8.12 戦争犠牲者に関する「ジュネーブ諸条約」締結
- 9.7 独連邦共和国（西独）発足
- 9.13 ソ連・アイスランド・伊・セイロン・フィンランド・ヨルダンの国連加盟に拒否権発動
- 10.1 中華人民共和国成立（毛沢東）
- 10.7 独民主共和国憲法発効（東独）
- 12.9 蒋介石率いる「中華民国」政府、台湾移転完了
- 12.27 インドネシ、オランダからの主権移譲

日本の出来事

- 1.1 GHQ、日の丸掲揚を許可
- 1.15 「成人の日」実施
- 同 週5日授業案
- 3.7 ドッジ公使、収支均衡予算編成（ドッジ・ライン）を指示
- 3.31 消防庁、火災専用電話「119番」に
- 4.23 GHQ、1ドル＝360円単一為替レートに設定（25日実施）
- 5.16 東京・大阪・名古屋の3都市に証券取引所設置
- 5.31 国立学校設置法（新制大学発足）
- 6.1 国鉄、日本専売公社発足
- 同 JIS規格制定
- 6.27 ソ連からの引揚げ再開、2000人舞鶴港へ
- 7.4 国鉄、第1次人員整理（3万700人）
- 7.5 下山事件（国鉄総裁下山定則氏が出勤途中失踪、翌日死体で発見・謎）
- 7.12 国鉄、第2次人員整理（6万3000人）
- 7.15 三鷹事件（国鉄三鷹駅構内で無人列車が暴走脱線転覆、死傷者多数の大惨事に。のちに共産党員ら21人逮捕、現在も再審中）
- 8.1 穴あき「五円硬貨」発行
- 8.16 古橋選手、全米水泳大会で世界新記録
- 8.17 松川事件（現・福島市松川町金沢）
- 8.26 GHQ、シャウプ勧告（理想の税制モデル、日本で試行）
- 9.1 日本弁護士連合会結成
- 11月 長谷川町子「サザエさん」人気に（1946年4月22日連載開始）
- 11.3 湯川秀樹、ノーベル物理学賞受賞決定（日本人初のノーベル賞、π中間子論）
- 11.26 プロ野球、2リーグに分裂
- 12.1 郵政省、初のお年玉付年賀はがき販売（特等はミシン）

福島県の出来事

- 2.12 児童人身売買全国138人
- 4.1 白河市制施行、本県5番目
- 4.10 第1回福島地区婦人大会
- 4.21 若松城跡の鐘の音16年振りに復活
- 5月 ドッジ予算、インフレ終息
- 5.31 福島師範・経済専門学校を「福島大学」として発足
- 6.30 平事件（いわき平市日本共産党が掲示板設置のため道路一時使用許可を申請、平警察が受理したが予想外の交通障害となり許可取り消し、これを共産党側は政治的弾圧として一部暴徒化）
- 7.4 国鉄福島管理部事件
- 8.17 松川事件（東北本線で午前3時9分頃、青森発上野行きの上り412旅客列車が松川～金谷川駅間で脱線、転覆）※
- 8.31 キティ台風、会津・中通り被害、死者・行方不明者17人
- 10.22 県X線自動車購入、健診
- 11月 野口英世、第1回文化人シリーズの記念切手となる

【世相】※松川事件：捜査当局はこの事件を、当時の大量人員整理に反対し、東芝松川工場（現北芝電機）労働組合と国鉄労働組合（国労）構成員の共同謀議による犯行との見込みを付けて捜査を行った。事件発生から24日後の9月10日、元国鉄線路工の少年が傷害罪で別件逮捕され、松川事件についての取り調べを受けた。少年は逮捕後9日目に松川事件の犯行を自供、その自供に基づいて共犯者が検挙された。9月22日、国労員5名及び東芝組員2名が逮捕され、10月4日には東芝組員5名、8日に東芝組員1名、17日に東芝組員2名、21日に国労員4名と、合計20名が逮捕者の自供に基づいて芋づる式に逮捕、起訴された。1963年最高裁、全員無罪判決・確定。
ことば：「アジャパー」　　歌：「悲しき口笛」美空ひばり、「長崎の鐘」藤山一郎
本：『細雪』谷崎潤一郎、『宮本武蔵』吉川英治、『菊と刀』ルース・ベネディクト　　映画：「青い山脈」／洋画：「哀愁」

1949 (昭和24年) 年齢　　歳

私の記録

1950 (昭和25年) 庚寅／かのえとら

世界の出来事

- 1.5〜 中華人民共和国（以降中国と表記）を承認（英・パキスタン・ノルウェー・イスラエル・デンマーク・アフガニスタン・フィンランド・スウェーデン等）
- 1.31 米トルーマン大統領、「水爆製造」を命令
- 2.9 米、マッカーシー旋風（「赤狩り」はじまる）
- 2.14 中ソ友好同盟相互援助条約調印（中国とソビエト連邦の軍事同盟・経済協力）
- 3.1 中国のチベット侵略開始
- 3.15 スウェーデンで第3回世界平和擁護大会総会「核兵器の絶対禁止を求めるストックホルム・アピール」発表
- 3.23 世界気象機関（WMO）発足
- 5.13 英、シルバーサーキットにて世界初のF1レース
- 6.25 朝鮮戦争勃発（マッカーサー元帥、国連軍〈16ヵ国〉の最高司令官就任）
- 6.28 ソウル陥落、北朝鮮が占領
- 7.5 朝鮮戦争「烏山の戦い」
- 9.15 朝鮮戦争「仁川上陸作戦」
- 10.7 中国人民解放軍、チベット侵攻
- 10.20 米・連合軍、平壌占領
- 10.25 中国人民解放軍が朝鮮戦争に参戦
- 12.5 平壌、中国人民解放軍に奪還される
- 12.7 米トルーマン大統領、朝鮮戦争で非常事態宣言

日本の出来事

- 1.1 年齢の表示は「満年齢」制に
- 同 マッカーサー年頭の辞、「日本国憲法は自衛権を否定しない」と声明
- 1.6 日本共産党、主流・反主流派対立
- 1.7 1000円札（聖徳太子の肖像）発行
- 2.18 第1回さっぽろ雪まつり開会
- 2月 流感が全国に蔓延、患者18万人に
- 3.1 自由党発足、吉田茂総裁に
- 3.22〜31 金色堂を本格的学術調査（奥州藤原3代ミイラ・泰衡の首確認）
- 4.13 熱海市大火、1461戸焼失
- 4.15 公職選挙法公布（5月1日施行）
- 4.21 民間放送ラジオ、16社に予備免許
- 4.22 日本戦没学生記念会（わだつみ会発足）
- 5.1 「精神衛生法」公布、施行
- 5.2 「放送法・電波法・電波監理委員会設置法」電波3法公布
- 6.1 無線通信解放
- 6.4 第2回参議院議員選挙
- 6.6 マッカーサー、吉田茂総理宛書簡「共産党中央委員24人の公職追放指令、アカハタ紙30日間発行停止（7月18日無期限停止）指令」要請
- 6.25〜 朝鮮戦争勃発により日本では特需景気がはじまる
- 6.29 西日本警戒警報発令（朝鮮戦争勃発により）
- 7.2 金閣寺、放火により焼失
- 7.5 後楽園球場、ナイター設備完成
- 7.11 日本労働組合総評議会「総評」結成
- 7.28 企業でのレッドパージ開始※
- 8.10 警察予備隊発足（自衛隊の前身）
- 9.23 長野県の浅間山噴火
- 11.28 第1回プロ野球、毎日が初優勝
- 12.7 第9回臨時国会で池田勇人蔵相が「貧乏人は麦を食え」と発言
- 12.10 第10回国会召集
- 12.13 地方公務員法公布

福島県の出来事

- 1.11 塩屋埼沖で小名浜漁船強風で転覆、乗組員17人全員死亡
- 1.23 第2回県知事選、初の民間知事第49代大竹作磨氏に
- 1.31 勿来、暴風雨で漁船沈没、死亡者10人
- 2.10 吾妻山・一切経が火山活動
- 2.18 第1回県下スキー大会
- 4.1 山都村・木幡村・小川村が町制施行
- 4.8 若松市鶴ヶ城本丸跡に東北地方初の競輪場完成。第1回県営競輪6日間開催、女子レース16000円大穴も
- 4.17 自動電話起工式（福島市）
- 4.21 県立医科大学発足・入学式
- 5.1 郡山女子短期大学開校式
- 6.1 上岡村を改称し、双葉町に
- 6.9 皇太后陛下ご来県
- 7.13 磐梯吾妻・安達太良・猪苗代湖・飯豊が磐梯朝日国立公園決定
- 8月 警察予備隊の一般募集（第1次入隊者7557人）
- 10.1 県人口206万2394人、世帯35万8902戸
- 10.5 慶徳村（現・喜多方市）にB-29が墜落、乗員全員落下傘で脱出、機長が慶徳地区民と交歓
- 11.2 第3回県美術展（福ビル）
- 12.6 福島地裁、松川事件20人に有罪判決（うち死刑5人）
- 12.27 参議の橋本万右衛門没、58歳（郡山市政財界の盟主）

【世相】※レッド・パージが新聞・放送など報道関係者にも広がり、福島県では民間・官公労など合わせ約500人が職場を追われた。県内で平和を守る運動が起こる。戦後初の『県詩人選集』が発刊される。（『福島民友新聞百年史』より）
○文部省が9月の新学期よりパン完全給食すると発表
○ジェーン台風が上陸、死者336人、全半壊4万戸に
ことば：「とんでもハップン」　歌：「夜来歌」山口淑子、「あざみの歌」伊藤久男　本：『帰郷』大佛次郎、『風と共に去りぬ』M・ミッチェル、『チャタレイ夫人の恋人』D・H・ローレンス（発禁）　映画：「また逢う日まで」「羅生門」／アニメ映画：「白雪姫」

1950 (昭和25年) 年齢　　歳

私の記録

1951 (昭和26年)

辛卯／かのとう

世界の出来事

1.6	韓国、江華良民虐殺事件
2.11	韓国、居昌良民虐殺事件
2.15	英、鉄鋼業の国有化
2.21	世界平和評議会第1回「ベルリンアピール」要求
3.4	第1回アジア競技大会（インドのニューデリーで開催）
3.15	イラン、石油国有化成立
4.11	GHQ最高司令官マッカーサーが朝鮮戦争の対応でトルーマン大統領と対立したため解任「老兵は去るのみ」
4.18	欧州石炭鉄鋼共同体設立条約調印（6ヵ国・パリ）
4.19	ボストンマラソンで日本初参加の田中茂樹優勝
9.1	米・オーストラリア・ニュージーランド太平洋安全保障条約調印
9.10	映画「羅生門」（黒澤明）がヴェネチア国際映画祭金獅子賞受賞（アカデミー賞名誉賞も3月に受賞）
10.26	英総選挙、保守党圧勝
同	チャーチル第2次内閣成立
12.24	リビア、伊より独立
12.25	イスラエル、2法制定「帰還法」「不在者財産法」

日本の出来事

1.2	「第1回紅白歌合戦」（NHK）放送開始
1.3	「歌舞伎座」復興公演、開場式
1.9	「平和4原則決議」日本社会党路線
2.9	日本青年会議所設立
2.14	東京猛吹雪、積雪30センチ、交通マヒ
3.9	三原山が噴火
3.20	日本コロムビアが日本初LP発売（「交響曲第9番」ベートーベン、「運命の歌」ブラームス）
3.21	日本初総天然色映画、「カルメン故郷に帰る」（松竹）高峰秀子出演
同	浅草米兵暴行事件（これは米兵が犯した事件ではなく進駐軍である米兵を標的とした暴行殺人事件、在日朝鮮人が検挙された）
4.1	食糧公団解体、民営米穀店復活
4.2	500円紙幣（岩倉具視）発行
5.1	電力業界再編、9電力会社に
5.17	貞明皇后（大正天皇妃）崩御
7.31	日本航空（株）設立
9.1	日本初、民間放送ラジオ局開局（「中部日本放送CBC」「新日本放送」）
9.2	「歌のない歌謡曲」（毎日放送ラジオ）放送開始
9.8	日米、サンフランシスコ平和条約および「日米安全保障条約」締結
10.1	日本石油精製設立
10.14	ルース台風鹿児島上陸、日本縦断(全国で死者572人、家屋被害22万戸)
10.28	プロレス、力道山デビュー
12.25	ラジオ東京（TBSラジオ）開局

福島県の出来事

1.26	原釜・松川浦・勿来・只見・柳津を県立公園指定
2月	郡山市内小学校、完全給食
2.5	平競輪場を開設
3.21	公民館、全市町村に完備
4.1	会津初の大学、県立会津短期大学開校
同	日大付属東北工業高開校
4.30	県会議員選挙、自由50、社会4、民主1、無所属6
5月	新安積疎水開通
5.3	大沼郡昭和村大火、129戸焼失
6.1	『福島県市町村年鑑』1号発刊
同	NHK福島放送開始（JOFD）
8.5	高校野球東北大会、福島商業高校が優勝し本県代表に、16年振りで甲子園へ
8.21	渇水で電力不足、停電に
9.16	若松市の神明通りの露古商の一部が移転、栄町に末広通り新設
9.30	自治体警察署、42署廃止（福島・郡山・若松・平・白河・日和田・熱海町に集約）
10.1	磐城高校火事、体育館6棟焼失
同	県労働金庫が発足
10.12	只見川電源開発はじまる
10.20	福島相互銀行・大東相互銀行発足
10.28	プロレス中継「力道山」デビュー

【世相】○この年、新しい文化芽生える　○この年赤痢流行、1万4000人以上死亡　○パチンコ全国的大流行
ことば：「親指族」　歌：「上海帰りのリル」「ミネソタの卵売り」「野球小僧」「高原の駅よさようなら」「私は街の子」「僕は特急の機関士で」「江の島悲歌」「あこがれの郵便馬車」「巴里の夜」「白樺の小径」「雪山讃歌」／童謡：「めだかの学校」　本：『やまびこ学校』無着成恭、『少年期』波多野勤子、『ものの見方について』笠信太郎、『源氏物語』谷崎潤一郎　映画：「カルメン故郷に帰る」（日本初総天然色映画）、「羅生門」（黒澤明・ヴェネチア国際映画祭・金獅子賞）／アニメ映画：「バンビ」／洋画：「バクダットの盗賊」「巴里のアメリカ人」「欲望という名の電車」「陽のあたる場所」「セールスマンの死」「ミラノの奇跡」「アニーよ銃をとれ」「宝島」

1951 (昭和26年) 年齢　　歳

私の記録

1952 (昭和27年) 壬辰／みずのえたつ

世界の出来事

- 1.4 英、スエズ運河閉鎖
- 1.19 韓国、李承晩ライン設定
- 2.6 英ジョージ6世薨去、国葬
- 2.16 トルコ、北大西洋条約機構加盟
- 2.21 東パキスタン（現・バングラデシュ）ベンガル語、学生運動から国民的抗議運動に発展し公用語に認定。ユネスコ、この日を「国際母語デー」に
- 2.26 英チャーチル首相、核保有公表
- 3.10 キューバ革命（カストロ）
- 4.11～15 南日島戦役（中華民国陸軍 vs 中国人民解放軍）
- 5.2 世界初ジェット旅客機商用運行開始（ロンドン～ヨハネスブルグ）
- 6.15 『アンネ・フランク日記』刊行
- 7.19 ヘルシンキ五輪（日本参加）
- 7.25 プエルトリコ、米自治領に
- 8.27 西独、イスラエル・ホロコーストに対し賠償金署名
- 10.2 英、初の原爆実験
- 10.14 国際連合、国連本部ビル利用開始（ニューヨーク）
- 10.20 ケニアに戒厳令
- 11.1 米、水爆実験（マーシャル諸島エニウェトク環礁）
- 11.4 米、アイゼンハワーが大統領に当選
- 12.4 英、ロンドンスモッグ（大気汚染、数千人死亡）

日本の出来事

- 1.13 農林省神戸検疫所、輸入米から黄変米発見、配給停止
- 1.23 国会中継の放送スタート
- 2.28 日米行政協定（日米地位協定）調印
- 3.4 十勝沖地震、津波発生、死者・行方不明者33人
- 3.6 吉田茂「自衛のための戦力は合憲」発言
- 3.20 日米平和条約批准
- 3.31 文化放送開局
- 4.1 琉球中央政府発足
- 同 硬貨式公衆電話登場
- 同 砂糖、13年振り統制解除
- 4.7 手塚治虫「鉄腕アトム」連載開始（光文社『少年』1946～1968）
- 4.9 日航機「もく星号」三原山に墜落（大辻司郎ら37人死亡）
- 4.10 「君の名は」（NHKラジオ）放送開始
- 4.18 日、西独と国交樹立
- 4.28 日華平和条約締結、GHQ廃止
- 同 日米安全保障条約発効、主権回復
- 同 平和条約発効
- 同 ポツダム政令廃止法施行
- 5.1 血のメーデー事件（左翼学生騒乱）
- 5.15 日・イスラエル国交樹立
- 5.19 白井義男、世界ボクシング王座に
- 7.21 破壊活動防止法
- 8.1 日本電信電話公社発足（現・NTT）
- 8.8 プロ野球、巨人初の1000勝達成
- 8.10 警察予備隊（保安隊）設立
- 8.13 日本、国際通貨基金（IMF）加盟
- 9.18 ソ連、日本の国際連合加盟を拒否
- 9.21 大相撲の4本柱なくなり吊屋根に
- 10.15 警察予備隊から保安隊に改組
- 10.30 第4次吉田茂内閣成立

福島県の出来事

- 1月 福島放送合唱団誕生
- 1.7 福島市50年振り大雪
- 1.8 一夜で49センチ積雪
- 2月 福島放送劇団誕生
- 3.1 開成山競技場完成（郡山市）
- 3.9 第6回全日本青年産業振興大会、本県代表5連覇
- 3.29 高田町（現・会津美里町）龍興寺の「一字蓮台法華経」が国宝に再指定
- 4.1 県立医科大学、新制大学に
- 同 小・中・高6日制授業復活
- 4.10 「君の名は」（NHKラジオ）毎週木曜夜8時30分～9時放送、菊田一夫作、古関裕而が音楽を作曲（1954年4月まで）
- 5.18 県歌人会結成、天野多津雄
- 5.29 全国公民館大会（福島市）
- 6.6 警察予備隊設営（福島・郡山市）
- 6.27 相馬野馬追、国無形文化財に指定
- 7.1 県経済連発足（佐藤善一郎）
- 7.18 弥生時代遺跡から2000年前の蓮の実が開花（大賀蓮）
- 8.31 県地方労組協議会結成
- 9.13 生活苦で一家5人心中（福島市）
- 10.18 天皇皇后ご来県（愛育園）
- 10.19 第7回国体（信夫丘競技、両陛下臨席、天皇杯皇后杯）
- 11.1 県内359市町村に教育委員会発足（現・59市町村）
- 11.30 桧枝岐村で水稲栽培成功
- 12.20 安積郡三和村一家4人無理心中

【世相】○生活苦で無理心中事件鉄道自殺者も多数出る
ことば：「ヤンキーゴーホーム」「青線」「エッチ」「恐妻」「プータロー」
歌：「テネシー・ワルツ」「リンゴ追分」「ゲイシャ・ワルツ」「灯」（ロシア民謡）「モンテンルパの夜は更けて」　本：『人間の歴史』安田徳太郎、『三等重役』源氏鶏太、『真空地帯』『野火』『二十四の瞳』『鉄腕アトム』手塚治虫（月刊誌『少年』に連載開始）、『ニッポン日記』M・ゲイン　　映画：「ひめゆりの塔」「ひばり姫初夢道」「生きる」（黒澤明）／洋画：「風と共に去りぬ」「誰が為に鐘は鳴る」「真昼の決闘」「地上最大のショー」「雨に唄えば」「禁じられた遊び」

1952 (昭和27年) 年齢　　歳

私の記録

1953 (昭和28年)　癸巳／みずのとみ

世界の出来事

1.1	中国、第1次5ヵ年計画実施
1.14	ユーゴスラビア連邦共和国、チトー大統領就任
2.16	インドのネール首相、議会で「第3地域」協力結集提唱
3.5	ソ連、スターリン死去、74歳（後任マレンコフ就任）
4.20	ボストンマラソンで山田敬蔵が優勝
5.29	英エドモンド・ヒラリー卿、ヒマラヤエベレスト初登頂
6.2	英エリザベス2世戴冠式
6.18	エジプト共和国宣言（ナギブ大統領）
7.10	ソ連、ベリア副首相追放（12月23日処刑執行）
7.26	キューバ革命（のちに記念日となる）
7.27	朝鮮戦争休戦協定（板門店）「最終的な平和解決が成立するまで朝鮮における戦闘行為・武力行使を停止する」（3年続いた戦争は一時終結、現在も停戦中）
8月	イラン政変
8.20	ソ連、水爆保有発表
9月	伊、ユーゴスラビアとトリエステ紛争
9.12	ソ連共産党第1書記にフルシチョフ就任
10.15	英首相チャーチル、ノーベル文学賞受賞
11.21	ロンドン郊外発見のピルトダウン人捏造発覚
12月	米・英・仏首脳のバミューダ会談

日本の出来事

2.1	NHKが日本初テレビ本放送開始
2.28	衆議院予算委員会で吉田総理、社会党西村栄一議員の質疑に「バカヤロー」の暴言
3.14	衆議院解散（バカヤロー解散）
3.23	中国（外地）からの引揚げ者、舞鶴への入港
3.24	国際電信電話株式会社（KDD）設立
3.30	皇太子、英女王エリザベス2世の戴冠式出席の為、横浜港出発
同	隅田区賛育会病院、新生児取違事故
4.1	保安大学校（現・防衛大）開校
4.2	日米通商航海条約調印
4.19	第26回衆議院議員総選挙
4.24	第3回参議院議員選挙
5.21	第5次吉田茂内閣成立
6.2	内灘米軍試射場無期限使用反対で農民が座り込み
6.4	中央気象台、台風の呼び名を外国女性名から発生順位番号にすると発表
6.25〜29	西日本水害九州豪雨、死者758人
7.17〜18	南紀大水害、死者・行方不明者1046人
8.5	スト規制法成立（8月7日公布施行）
8月	全国に「うたごえ運動」広がる
8.14	京都府南部豪雨、死者105人
10.1	町村合併促進法施行
10.2	池田外相・米ロバートソン会談。朝鮮有事に備え日本軍（自衛隊）35万人派遣を提言、日米合意（現・陸海空24万8166人、予備8000人、待機4万7900人、補4600人）
12.24	奄美大島・群島、日本に返還
12.31	「紅白歌合戦」（NHK）日劇から初の公開放送（以後大晦日の国民的行事となる）

福島県の出来事

1.5	県教育会館全焼（隈畔）
2.1	県婦人団体連合会発足
2.1	テレビ本放送開始 NHK
3.14	県立公園指定（大川兎鳥・阿武隈高原中部・夏井川渓谷）
3.21	伊達郡伏黒村大火、86戸焼失
4.11	『福島県史料集成』全5巻刊行
5月	第7回国体にむけて郡山開成山競技場完成
同	郡山駅前「平和の女神」像落成（現在開成体育館庭）
5.16	若松市、白虎隊剣舞復活（墓前奉納）
6.1	若松〜福島間定期急行バス運行
8.26	東北電力4発電所竣工（柳津・片門・宮下・沼沢沼）
9.17	春から異常気象続き県冷害対策本部を設置
9月	クマ、白河市他各地出没
10.10	町村合併促進法による浪江町発足（県合併第1号）
10.19	保安隊、福島駐屯地へ
10.20	小名浜漁船沈没、死者17人
11.30	ラジオ福島4放送局開局
12.24	県知事選、第50代知事大竹作磨氏再選

【世相】○この年冷害・風水害で大凶作。水稲収穫が平年の67％に　○遺伝子DNA（デオキシリボ核酸）が2重らせん構造であることをJ・ワトソン、F・クリックらこの年に発表。
ことば：「街頭テレビ」「無茶でございますがな」　歌：「君の名は」・「白百合の歌」織井茂子、「雪の降るまちを」「待ちましょう」「街のサンドイッチマン」「津軽のふるさと」「ルビー」「想い出ワルツ」「雨降る街角」「石狩エレジー」霧島昇、「アリラン哀歌」
本：『昭和文学全集』角川書店編、『君の名は』菊田一夫　映画：「雨月物語」「煙突の見える場所」「蟹工船」「雁」「地獄門」「東京物語」／洋画：「地上より永遠に」「恐怖の報酬」「ライムライト」「不思議の国のアリス」「宇宙戦争」「黄昏」「シェーン」

1953 (昭和28年) 年齢　　歳

私の記録

1954 (昭和29年) 甲午／きのえうま

世界の出来事

- 1月 在日ソ連大使館員ラストヴォロフ、米へ亡命事件
- 1.10 英、世界初のジェット旅客機事故（ハビランド社DH106コメット、シンガポール発ロンドン行き781便）地中海エルバ島上空で事故、29人全員死亡
- 1.21 米、世界初原子力潜水艦ノーチラス号進水
- 1.23 米NBC、カラーテレビ放映
- 1.31 モスクワ～北京直通列車運行開始
- 3.1 米、ビキニ環礁水爆実験
- 3.14 モスクワ地下鉄全線開通
- 4.8 コメット連続墜落事故（南アフリカ航空201便）
- 5.7 仏軍、インドシナ戦争
- 6.15 欧州サッカー連盟発足（スイス・バーゼル）
- 6.17 中国と英が国交樹立
- 6.27 ソ連、オブニンスクで世界初原子力発電所運転開始
- 6.28 周恩来・ネルー首相、平和5原則共同声明
- 7.4 米オハイオ州、シェパード夫人殺人事件（ドラマ「逃亡者」のモデルとなる）
- 7.15 米、ボーイング707型機初飛行
- 9.8 東南アジア条約機構結成（SEATO、参加8ヵ国）
- 10.23 西独、西側9ヵ国会議（西独）

日本の出来事

- 1.2 皇居二重橋で38万人の一般参賀者が将棋倒し（二重橋事件、16人死亡）
- 1.6 青函トンネル起工式
- 2.1 ディオマジオ・Mモンロー夫妻来日
- 2.19 プロレス、力道山vsシャープ兄弟（NHKと日本テレビ街頭生中継、大人気）
- 2.23 造船疑獄（自由党有田議員逮捕）
- 3.1 遠洋マグロ漁船第5福竜丸（久保山）、米のビキニ水爆実験によって被爆
- 3.8 日米相互防衛援助協定（MSA）調印（5月1日発効）
- 4.1 千葉成田・名張・近江八幡・花巻・北上・伊那・犬山・宝塚・天理・筑後など、続々市制施行進む
- 4.5 初の集団就職列車運行（青森～上野）
- 4.28 日本初缶入りジュース発売（明治製菓）
- 6.2 参議院「自衛隊の海外出動を為さざることに関する決議」全会一致で可決
- 7.1 防衛庁設置、陸海空自衛隊発足
- 7.15 ニッポン放送開局（AM関東圏）
- 8.27 日本短波放送開局（日経ラジオ）
- 9.20 トヨタ自動車「トヨペット」発売
- 9.26 洞爺丸事件（台風15号で沈没、死者・行方不明者1155人、日本海難事故最大の惨事に）
- 同 北海道岩内町大火、死者33人
- 10.26 仁保事件（山口県大内村での一家6人殺害事件。当時逮捕された犯人はのちに冤罪が確定）
- 11.3 映画「ゴジラ」公開、961万人観賞
- 11.24 日本民主党結成（総裁・鳩山一郎、幹事長・岸信介）第1回
- 12.3 全国空手道選手権大会開催
- 12.7 第5次吉田茂内閣総辞職
- 12.10 第1次鳩山一郎内閣成立

福島県の出来事

- 2.14 第1回県下中学校スキー大会、沼尻で開催
- 2.19 プロレス生中継（うすね）
- 2.22 土湯温泉大火、死者1人、76棟焼失
- 3月 熱海町、丸森村を吸収合併
- 3.1 電話度数制、1回7円に
- 3.2 ミス郡山（宗里美、21歳）
- 3.20 原町、太田村・大甕村と合併し原町市に
- 3.31 市制施行（原町市・磐城市・相馬市・須賀川市・喜多方市が加り全県11市に）
- 4.3 磐梯山で大規模な山崩れ（3つの湯治場旅館埋没）
- 4.5 第1回県下赤ちゃん大会
- 5.1 「郡山市民のうた」内海久二作詞
- 6.6 若松城本丸跡の県営競輪場、存続するか論議開始
- 7.1 前警察法廃止、県警察本部発足（県内29警察署に）
- 9.9 県庁舎（5階建て）完工
- 9.17～19 台風14号被害、死者・行方不明者15人
- 10.12 喜多方市～米沢市間のバス運行開始
- 11.3 田子倉発電所ダム

【世相】○ベビーブーム小学校新入学（全国100万人増加）　○学校給食法公布　○50銭以下の小銭廃止に　○太陽族登場　○この年、市制施行推進（昭和の大合併）。1953年に町村合併促進法施行、町村数は3分の1に減少、10月には9868自治体に。1962年には3472となり、さらに平成の大合併で2014年4月には全国1718自治体（790市・745町・183村）に。福島県は現在59市町村（13市・31町・15村）になる。　ことば：「イタリアン・ボーイ」「シャネルの5番」　歌：「岸壁の母」「お富さん」「高原列車は行く」「原爆許すまじ」「真室川ブギ」　本：『潮騒』三島由紀夫、『火の鳥』『文学入門』『女性に関する十二章』伊藤整　映画：「七人の侍」「悪魔が来たりて笛を吹く」「太陽のない街」「二十四の瞳」「月よりの使者」「宮本武蔵」／アニメ映画：「ダンボ」／洋画：「ローマの休日」（ヘップバーンの髪型スタイルが流行）、「グレンミラー物語」「帰らざる河」「アパッチ」「オズの魔法使い」「赤と黒」

1954 (昭和29年) 年齢　　歳

私の記録

1955 (昭和30年) 乙未／きのとひつじ

世界の出来事

2月	東南アジア条約機構(SEATO)正式発足（仏・英・オーストラリア・ニュージーランド・パキスタン・フィリピン・タイ・米等の反共産軍事同盟）
2.8	ソ連、スターリン死後の後任者、マレンコフ辞任（ブルガーニン就任）
2.24	バグダッド条約（トルコ・イラク相互防衛条約）調印
4.18	インドネシア・バンドン「アジア・アフリカ会議」（世界平和促進共同声明）
5.5	西独主権、完全回復
5.14	パリ協定発効によりワルシャワ条約機構結成《冷戦激化》
6.11	仏、「ル・マン」開催（24時間レース事故、死者84人）
7.17	米、ディズニーランド開園（カリフォルニア州アナハイム）
11.1	米、ユナイテッド航空629便爆破事件、死者44人
11.12	西独、独連邦軍として再軍備
12.13	日本の国際連合加盟にソ連、拒否権行使
12.24	インド、マザーテレサ「聖なる子供の家」開設

日本の出来事

1.1	トヨタ「クラウン」発売（「いつかはクラウン」が流行語に）
1.2	「ナイロンザイル切断事件」穂高岳（井上靖の小説『氷壁』の素材に）
1.24	鳩山・衆議院解散（天の声解散）
2月	スポーツ紙（西日本・サンケイ）刊行
2.27	第27回衆議院議員選挙
4.14	佐世保炭鉱崩落事故、死者68人
5.1	大日本文具「ぺんてる」発売
5.20	東京国際空港（羽田）ターミナルビル完成
5.25	岩波書店『広辞苑』初版発行
6.1	現行「1円硬貨」発行開始
7.9	後楽園遊園地完成
7.25	日本住宅公団設立（都市再生機構）
8.6	第1回原水爆禁止世界大会（原水協）
8.7	トランジスタラジオ発売（東京通信工業）
8.8	長崎市、平和記念像除幕式（北村西望作）
8.24	森永ヒ素ミルク中毒事件
9.10	関税・貿易協定（GATT）正式加盟
10.1	新潟大火、負傷者175人、1193世帯被災
10.10	『カッパ・ブックス』（光文社）刊行
10.13	社会党（右派・左派）再統一
11.11	世界平和アピール7人委員会結成
11.15	自由民主党（保守合同）誕生（55年体制の幕開け、38年間続く）
12.1	電信電話公社、カード式公衆電話設置
12.7	日本初姉妹都市提携成立（長崎・米のセントポール）

福島県の出来事

1.1	若松市、大川以東の北会津郡7村を合併し会津若松市に
3月	西郷村にダム完成
4.4	小名浜港、国際出入国指定
4.23	県議会選挙、自由党32・民主11・社会10・無所属8
4.29	勿来など5町村合併、市に
5.28	桜の聖母学園短大開校
5.29	西郷村甲子温泉の奥三本槍で白河高校山岳部遭難事故、死亡6人・重軽傷10人
6.3	第1回高体連体育大会（福島市信夫丘陸上競技場）
9.30	土湯温泉で吊り橋落下、修学旅行中の早稲田高校生35人重軽傷
10.1	県人口209万5237人、世帯数37万577戸
10.29	二本松で第1回菊人形祭
11.18	県中小企業共同組合発足
12.16	常磐火力発電（株）創立

【世相】○神武景気　○電気洗濯機・電気冷蔵庫・テレビが「三種の神器」に　○全国少年自殺相次ぐ　○1円・50円硬貨発行　○昭和の大合併：1953年の町村合併促進法施行により、新制中学校1校を管理するのに必要な8000人以上の住民を有する規模を標準とする合併法で算出された「町村数を約3分の1に減少」する基本計画で全国的に推進。　ことば：「ノイローゼ」「三種の神器」　歌：「りんどう峠」「別れの一本杉」「ガード下の靴みがき」「しあわせの歌」「月がとっても青いから」「田舎のバスで」　本：『昭和史』遠山茂樹・藤原彰・今井清一、『広辞苑』新村出編、『香港』邱永漢、『太陽の季節』石原慎太郎、『白い人』遠藤周作　映画：「警察日記」（森繁久彌）「夫婦善哉」「野菊のごとき君なりき」／洋画：「エデンの東」「砂漠は生きている」「海底二万哩」「裏窓」（ヒッチコック）　テレビ：「私の秘密」

1955 (昭和30年) 年齢　　歳

私の記録

1956 (昭和31年) 丙申／ひのえさる

世界の出来事

- 1.1 スーダン、英より独立
- 1.27 独民主共和国（東独）、ワルシャワ条約機構加盟
- 1.27 プレスリーの「ハートブレイクホテル」リリース、1位
- 1.26 伊、冬季五輪（スキー回転で猪谷千春が銀）
- 1.28 「万国著作権条約」制定
- 2.25 ソ連、フルシチョフ首相がスターリン批判
- 3.2 モロッコ、仏より独立
- 3.20 チュニジア、仏より独立
- 4.29 日ソ漁業交渉開始（モスクワ、農相・河野一郎）
- 5.14 日ソ漁業条約調印
- 6.23 エジプト、ナセル大統領就任
- 6.28 ポーランド・ポズナニで反ソ暴動起こる
- 6.30 米、グランドキャニオン旅客機同士衝突事故（両機搭乗128人全員死亡）
- 10.19 日ソ共同宣言（モスクワ）
- 10.23 ハンガリー動乱
- 10.29 第2次中東戦争勃発、イスラエル軍がエジプト侵入
- 同 スエズ戦争
- 11.22 メルボルン五輪開幕（日本は4種目で金）
- 12.2 カストロ派、キューバ上陸。ゲリラ作戦開始

日本の出来事

- 1.1 新潟、弥彦神社事件。初詣客圧死（新春餅まきに殺到、124人圧死）
- 2.1 自動車損害賠償保障法（自賠責）
- 2.19 日本初週刊誌『週刊新潮』創刊
- 2.21 経団連第2代会長に石坂泰三氏
- 3.19 日本住宅公団、入居者募集開始
- 4.18 日本初、人工心肺開心手術成功
- 4.25 台風3号、統計開始後最も早い台風（本州最南端、大隅半島上陸）
- 5.1 水俣病、第1号患者公式認定
- 5.3 第1回世界柔道選手権大会（蔵前国技館、金銀・日本、銅・オランダ）
- 5.9 日本登山隊、ヒマラヤのマナスル8156メートル初登頂
- 6.21 沖縄銀行設立
- 7.1 「気象庁」発足（中央気象台を改称）
- 7.8 第4回参議院議員選挙
- 7.17 経済白書「もはや戦後ではない」と規定
- 9.1 横浜市・名古屋市・京都市・大阪市・神戸市の5市が政令指定都市に
- 9.10 富山県魚津大火、死者5人、1583戸焼失
- 10.19 日ソ共同宣言（国交回復・領土問題は先送りに）
- 10.28 大坂、通天閣再建
- 11.19 東海道本線、全線直流電化完成
- 12.18 日本、国際連合に加盟
- 12.20 鳩山一郎内閣総辞職
- 12.23 石橋湛山内閣成立
- 12.26 シベリア抑留の最後の引揚げ者、興安丸で舞鶴港に（1025人）
- 12.28 新宿コマ劇場会館開館（2008年同日閉館）

福島県の出来事

- 3.7 常磐炭鉱で落盤事故（ガス中毒含め14人死亡）
- 3.25 県累積赤字22億円（10ヵ年計画で財政再建指定）
- 4.17 田村郡常葉町大火、252戸焼失
- 5.1 小名浜港、国際貿易港指定
- 5.17 天栄村に「羽鳥ダム」完成
- 5.21 松江豊寿（元・板東捕虜収容所所長、元・若松市長）死去、81歳
- 6.18 会津若松市の馬場祥江、ミス・ユニバースで日本一に
- 6.30 福島市渡利小学校3年生行方不明「啓子ちゃん事件」（7月1日遺体発見、9月23日容疑者逮捕）
- 7.14 梅雨前線大雨水害、会津坂下・高田町他で死者・行方不明者35人
- 8.30 県教育会館落成（福島隈畔）
- 9.30 県内市町村、3年前の5市65町・309村から13市・52町・60村と3分の1に整理
- 11月 喜多方「関柴ダム」完成
- 11.18 県芸術文化委員会発足（会長・渡辺到源氏）
- 12.12 福島大学からはじめて、庄司吉之助経済学部助教授が日本学術会議会員に

【世相】〇1947年から日ソ国交回復する1956年にかけて、抑留者は47万3000人の帰国事業が行われた。帰国できなかった死者は約34万人とされている。
流行：慎太郎刈り、太陽族・月光族、愚連隊、フレアスカート、アロハシャツ、ダスターコート　ことば：「一億総白痴化」（テレビ時代評論・大宅壮一）、「デイト、ドライ」「もはや戦後ではない」　本：『金閣寺』三島由紀夫、『眠り狂四郎』柴田錬三郎　歌：「哀愁列車」「若いお巡りさん」「ケ・セラ・セラ」「リンゴ村から」「早く帰ってコ」「ここに幸あり」　映画：「ビルマの竪琴」「太陽の季節」／洋画：「戦争と平和」「王様と私」「八十日間世界一周」

1956 (昭和31年) 年齢　　歳

私の記録

1957 (昭和32年) 丁酉／ひのととり

世界の出来事

- 1.1 中国・ソ連共同宣言（社会主義国の団結強調）
- 同 仏保護領ザール、西独に復帰
- 1.9 英イーデン首相、スエズ戦争の責任とり辞任
- 4月 西独、第1回徴兵制（NATO連邦軍組織に）
- 5.15 英、クリスマス島で水爆実験（ハワイ同経度・赤道）
- 6月 ソ連のマレンコフ、モトロフら追放
- 6.21 岸総理・アイゼンハワー大統領会談（日米共同声明）
- 8.22 ソ連、大陸間弾道弾実験成功
- 9.29 ソ連、ウラル核惨事
- 10.1 サリドマイド、西独で発売（1961年、生産中止）
- 同 国連総会で日本が安保理事会非常任理事国に当選（1958年1月1日就任）
- 10.4 ソ連、スプートニク1号打上げ成功（初の人工衛星）
- 10.10 英、ウインズケール原子炉火災事故（原爆製造）
- 12.26 アジア・アフリカ人民連帯会議（45ヵ国参加、「カイロ宣言」発表）

日本の出来事

- 1.13 美空ひばり、浅草国際劇場でねたむ女性から塩酸をかけられ負傷
- 1.29 南極越冬隊、南極大陸初上陸（「昭和基地」と命名）
- 2.22 千代田丸の内に東京都庁舎落成
- 2.23 石橋湛山内閣総辞職（総理病気）
- 2.25 岸信介内閣成立
- 3.18 名古屋市、日本初の地下街開業
- 4月 東京通信工業、世界最小のトランジスタラジオ「TR63型ポケットR」発売
- 4.12 第5北川丸沈没事故、死者113人（尾道沖、定員84人の3倍超す乗客235人乗せ救命胴衣なし、甲板見習い任せ座礁）
- 6.25 「日本飲料（日本コカ・コーラ）」設立
- 7.8 砂川事件（安保闘争の原点に）
- 7.15 トヨタ「コロナ」発売
- 7.24 升田幸三が大山康晴をくだし三冠王に
- 7.25〜28 諫早豪雨、死者・行方不明者992人
- 8月 東京都人口世界1位852万人に
- 8.27 茨城県東海村に「原子の火」灯る（原子力研究所、原子炉臨界点に）
- 9.10 文部省、教員勤務評定の撤退通達
- 9.20 国産初ロケット「カッパー4C」発射成功（東京大学の糸川英夫教授、秋田県海岸）
- 10.1 初の5000円紙幣（肖像は聖徳太子）発行
- 10.14 インドのネール首相、初来日
- 11.4 日産自動車「ダットサン」発売
- 12.7 料理番組「きょうの料理」（NHK）放映開始
- 12.10 愛新覚羅慧生、伊豆天城山心中（満州皇帝・溥儀の姪、学習院大学在学中に）
- 12.11 100円硬貨発行
- 12.22 日教組、勤評反対闘争で「非常事態宣言」

福島県の出来事

- 3.11 喜多方、関柴ダム決壊（住宅63戸被害）
- 4.1 古殿村が古殿町へ町制施行
- 同 郡山女子短大付属高校開校
- 4.14 内郷市、強風大火、117戸焼失
- 4.26 国鉄・白棚線撤去、バスに
- 5.17 常磐線双葉町、急行列車脱線転覆、死者3人、負傷者28人
- 6月 流感、全国的流行（学童り患者50万5000人、全国1200校休校、県内休校続出）
- 8.1 会津〜只見線開通
- 8.25 県知事選、第51代知事佐藤善一郎に
- 8.31 ホノルル県人会、ハワイ移民50周年式典
- 9月 会津競輪場、城外の小田垣移転
- 9.1 福島測候所「気象台」昇格（白河・小名浜・会津を統括）
- 9.21 自民県連会長に山下春江（女性県連会長、全国初）
- 9.24 会津の背炙山に「おけいの墓」建立
- 10.31 北塩原村の雄国沼湿原植物群落が国の天然記念物に
- 11.1 常磐共同火力勿来発電所1号機運転開始
- 11.22 小名浜港に初の1万トン貨物船入港
- 同 国道4号線、須賀川まで開通
- 同 郡山市熱海町、「萩姫まつり（第1回）」

【世相】○「なべ底」不況始まる〜1958年末まで
ことば：「決定的瞬間」「よろめき」「グラマー」「ゲタばき住宅」「低姿勢」「パートタイム」「カックン」「留年」
歌：「有楽町で逢いましょう」「チャンチキおけさ」「船方さんよ」「バナナ・ボート」「東京だよおっかさん」
本：『氷壁』『天平の甍』井上靖、『楢山節考』深沢七郎、『鍵』谷崎潤一郎、『美徳のよろめき』三島由紀夫
映画：「喜びも悲しみも幾歳月」「明治天皇と日露大戦争」「嵐を呼ぶ男」／洋画：「翼よ、あれが巴里の灯だ」「戦場にかける橋」「OK牧場の決闘」「道」「昼下がりの情事」「ノートルダムのせむし男」「追想」「菩提樹」

1957 (昭和32年) 年齢　　歳

私の記録

1958 (昭和33年) 戊戌／つちのえいぬ

世界の出来事

1月	中国、第2次5ヵ年計画。北朝鮮も第1次5ヵ年計画
1.1	国際原子時（セシウム原子時計）、時刻維持の加重平均（TAI）の運用管理本部として、国際度量衡局（BIPM）をフランス・パリに設置、運用開始
同	2つのローマ条約締結（欧州経済共同体・欧州原子力共同体）
1.31	米、初の人工衛星打上げ「エクスプローラ1号」成功
同	人工衛星エクスプローラにより「ヴァン・アレン帯」発見
6.26	米、エクスプローラ4号打上げ
7.14	イラク、アブドル・カリームらによるクーデターによる革命でハーシム王政倒壊。「イラク共和国」が成立
8月	中国、人民公社制度（毛沢東指導により大躍進）
9.12	ダレス長官（米）と藤山愛一郎外相会談、日米安全保障条約改定に同意
10.1	米、NACAをNASAに改名（国家航空宇宙諮問委員会を米航空宇宙局に）
10.2	ギニア独立（仏より）
10.5	仏、第5共和制発足
10.28	ローマ教皇ピウス12世死去、後任にヨハネ23世選出

日本の出来事

1.1	国際原子時による時刻管理は、日本も「TAI」世界50ヵ国とセシウム原子時として運用開始（明石標準時から電波時計に）
1.20	大日本製薬イソミン薬発売（後にサリドマイド訴訟事件に発展）
3.9	関門トンネル開通（3461メートル、本州～九州を結ぶ国道）
4.1	売春防止法施行
同	宝塚劇場で香月弘美のドレスがセリ機械に巻きこまれ腹部切断により即死事故
4.5	巨人・長嶋茂雄、3振デビュー
5.2	長崎国旗事件（右翼団体による中華人民共和国国旗毀損事件）
5.22	第28回衆議院議員総選挙
6.12	第2次岸信介内閣発足
8月	沖縄県首里高校、第40回高校野球選手権大会に出場したが、検疫関係で甲子園の土持ち帰れない事件起きる（悲涙）
8.1	本田技研「スーパーカブ」発売
8.25	日清食品「チキンラーメン」発売
8.31	早稲田実業の王貞治、巨人入団
9.1	朝日麦酒、日本初缶入りビール発売
9.27	神奈川狩野川台風、死者・行方不明者1157人
10.1	国鉄初ブルートレイン・あさかぜ運行
10.14	東京タワー竣工（333メートル）
10.21	巨人・川上哲治選手引退
11.27	宮内庁が皇太子・明仁親王と正田美智子の婚約発表《ミッチーブーム》
12.1	新1万円札発行（聖徳太子像）
12.7	東京タワー公開（プレオープン）
12.27	新国民健康保険法公布

福島県の出来事

1.26	小名浜沖で暴風雨のため避難、避難途中の漁船沈没15人死亡
2.21	県営会津競輪場、三の丸に移転し再開
4.1	信夫郡飯坂町大火、37戸焼失
同	福島市、点字図書館設置
4.29	県教委vs県教組集団交渉（教職員の勤務評定試案巡り）
5～6月	二本松連続放火事件
5.1	公立小中学校、学級定員を50人に（1964年1月45人へ）
6.7	高松宮、ご来県
6.25	福島～東京即時通話開通
同	福島気象台郡山通報所開所
8.22	第1回県中学校体育大会（第11回県体と同時、郡山）
9.15	郡山市民会館落成（麓山）
9.17	台風21号大雨被害、死者・行方不明者県内で20人
9.20	県教委、勤務評定実施
9.26	台風22号本県中央部縦断（狩野川台風）、死者・行方不明者25人
10.1	二本松市制に（本県14番目）
同	県教組、勤務評定反対闘争
11.10	泉崎村長選、海上博之（29歳県下最年少首長）当選
11.25	県立図書館、福島市松木町に落成

○岩戸景気（高度経済成長、1961年12月まで続く）　○初の初のバレンタインデーのチョコレート　流行：月光仮面、フラフープ　ことば：「団地族」「ながら族」「私は貝になりたくない」「神風タクシー」「イカス」「シビレル」　歌：「おーい中村君」「星は何でも知っている」「母さんのうた」「ダイアナ」「からたち日記」　本：『樅の木は残った』山本周五郎、『点と線』松本清張、『人間の条件』五味川純平、『人間の壁』石川達三、『ドクトル・ジバゴ』パステルナーク（ソ連、ノーベル文学賞受賞するも本人辞退する）　映画：「楢山節考」「駅前旅館」／洋画：「死刑台のエレベーター」「老人と海」「大いなる西部」　陶芸：ブリュッセル（ベルギー）の万国博覧会にて本郷焼の宗像窯ニシン鉢がグランプリ受賞。

1958 (昭和33年) 年齢　　歳

私の記録

1959 (昭和34年)

己亥／つちのとい　　紀元（皇紀）2618年

世界の出来事

1.1	キューバ革命、カストロが首相就任（バチスタ政権打倒）
1.3	アラスカ、米49番目の州に
1.8	仏、ド・ゴールが初代大統領に就任
3.10	チベット蜂起（3月31日にダライラマ、インドへ亡命）
4.25	セント・ローレンス運河（五大湖と大西洋運行可能）
4.27	中国家主席に劉少奇（毛沢東は党主席に専念）
6.3	シンガポール独立（英連邦自治国として）
7.17	アフリカのタンザニアで初期原人（200～400万年前）アウストラロピテクスの頭蓋骨発見される
8.4	ラオスで戒厳令
8.8	台湾、洪水で死者2000人
8.13	在日朝鮮人、北朝鮮帰還のための日朝協定調印
8.21	ハワイ、米50番目の州に
9.14	ソ連、月探査機ルナ2号（月面到達の人工物として初）
9.30	ソ連、フルシチョフが中国の毛沢東と会談（以後、中ソ対立表面化）
10.7	ソ連、月探査機ルナ3号が月の裏側撮影成功（人類初）
10.31	ベルギー領コンゴで暴動
12.1	「南極条約」米ソ12ヵ国
12.14	北朝鮮へ在日朝鮮人の帰還はじまる（理想郷と宣伝）

日本の出来事

1.1	メートル法実施（尺貫法廃止）
1.10	NHK教育テレビ開局
1.14	南極昭和基地、置き去りの樺太犬タロ・ジロ生存確認
2.11	「紀元節奉祝建国祭」右翼暴発
3.17	『週刊少年マガジン』（講談社）、『週刊少年サンデー』（小学館）が創刊
3.28	千鳥ヶ淵戦没者墓苑竣工（政府設置）
同	日米安保条約改定阻止国民会議結成
4.10	皇太子（今上天皇）・美智子妃結婚
4.20	東海道新幹線起工式
5.26	IOC総会、1964年夏季五輪開催地を東京に決定
6.30	沖縄、宮森小学校に米軍機墜落（死者17人、負傷者100人）
7.22	熊本大医学部、水俣病の原因は有機水銀であると公表
7.24	ミス・ユニバースで日本人初王冠（児島明子、世界80ヵ国以上参加）
8.1	日産自動車「ブルーバード」発売
8.22	大日本製薬「プロバンM」発売（サリドマイド配合薬品・胃腸薬）
9.26	伊勢湾台風、死者5041人・被害家屋57万戸（明治以降最大）
10.3	巨人、5年連続セ・リーグ優勝
11.2	水俣問題、漁民1500人が新日本窒素工場へ乱入
11.19	緑のおばさん登場、日給350円
11.27	安保阻止第8次統一行動（デモ隊2万人）
12.3	個人タクシー許可、173人（2015年現在、4万6000人）
12.11	三池争議はじまる
12.15	第1回レコード大賞に水原弘「黒い花びら」が選ばれる
12.16	最高裁、砂川事件で「駐留米軍は違憲ではない」と原審破棄、差戻し判決

福島県の出来事

3.1	NHK福島テレビ局開局
4.1	緑ヶ丘高校開校（福島市）
同	福島市公会堂開館
5.6	田子倉発電所完工（試験運転、6月営業運転）
6.18	岸内信介閣改造、国務大臣に本県選出の石原幹市郎が就任
8.10	松川事件、最高裁判が原判決を破棄し仙台高等裁判所に差し戻し
9.20	粟山博（1区選出）死去、74歳
9.26	台風15号、会津は水害。中・浜通りは風害。死者6人（家屋全壊240戸他）
10.14	田村郡中田村村長選挙に938人立候補（役場位置問題）
10.30	社会党県連が分裂
11.3	東京大学医学部長・吉田富三（石川郡浅川町出身）が文化勲章受章
11.5	「磐梯吾妻スカイライン」観光有料道路開通式
12.3	本県初のエスカレーター設置の「第2うすい」開店
12.12	県・民社同盟結成
12.13	県下の労働戦線二分化
12.20	会津若松市民会館落成
12.28	県教委、県教組組合員処分（総計504人）

【世相】○全国各地でクマ大あばれ（年間出没110件）
ことば：「がめつい」「カミナリ族」「トランジスタ」「グラマー」「岩戸景気」「ヨワイ」「タフガイ」
歌：「南国土佐を後にして」「黄色いサクランボ」、「黒い花びら」（第1回レコード大賞受賞）
本：『海辺の光景』安岡章太郎、『かげろふの日記遺文』室生犀星、『梟の城』司馬遼太郎
映画：「人間の条件」「浪花の恋の物語」「にあんちゃん」「野火」など／洋画：西部劇ブーム

1959 (昭和34年) 年齢　　歳

私の記録

1960 (昭和35年) 庚子／かのえね

世界の出来事

1.1	カメルーン、仏より独立
1.2	米、ケネディが大統領選出馬表明（11月8日当選）
1.19	アスワン・ハイダム着工
2.13	仏、サハラ砂漠核実験（第4の核保有国となる）
4.4	セネガル、仏より独立
4.19	韓国、李承晩打倒革命（翌年朴正熙の軍事クーデターによって民主化は不発）
4.27	トーゴ、仏より独立
同	韓国、李承晩が辞任
5.1	U-2撃墜事件発生（ソ連偵察の米機が撃墜）《米ソ関係悪化は致命的に》
6.20	セイロン（現スリランカ）、世界初女性首相誕生
6.26	マダガスカル、仏より独立
6.30	コンゴ共和国、ベルギーより独立（7月11日動乱に）
8.25	ソ連、世界初宇宙から生命体数種の動物・多数植物の生還に成功（スプートニク5号）
同	第17回ローマ五輪開催
9.14	石油輸出国機構（OPEC）発足
10.1	ナイジェリア、英より独立
11.28	モーリタニア、仏より独立（アフリカ植民地17ヵ国独立）
12.20	南ベトナム解放民族戦線結成（ベトコン）

日本の出来事

1.5	閣議、貿易為替自由化促進会議（12日基本方針決定）
1.6	横須賀市、衣笠病院出火、死者16人
1.19	日米安全保障条約（新安保）調印
1.24	民主社会党結成大会
1.27	ソ連、対日覚書で新安保条約非難
2.23	徳仁親王（現・皇太子）誕生
3.30	米映画「ベン・ハー」日本初公開（1959年制作・天皇皇后初の天覧上映）
4.12	日産「セドリック」発売（2004年に）
4.30	ソニー、世界初トランジスタテレビ発売
5.3	創価学会第3代会長、池田大作氏に
5.16	雅樹ちゃん誘拐事件発生（19日死体発見）
5.22	チリ地震発生、翌日日本に被害（三陸沿岸24日未明6メートル超す津波襲来。死者・行方不明者142人、建物被害4万6000戸、船舶2428艘、罹災者14万7898人他）
6.15	安保阻止全学連運動（樺美智子死亡）
6.19	新安保条約自然成立（強行採決）
7.14	暴漢、岸総理を襲撃
7.15	岸信介内閣総辞職
7.19	第1次池田勇人内閣成立
7.27	経済協力開発機構（OECD）創設
8.1	森永製菓、日本初インスタントコーヒー発売
9.10	カラーテレビ本放送始まる
10.12	社会党委員長・浅沼稲次郎暗殺（日比谷公会堂、右翼少年・山口二矢）
10.24	衆議院解散（安保解散）
10.25	横田喜三郎、第3代最高裁長官に
11.19	川上哲司、巨人軍監督に
12月	IHI（石川島播磨重工業）発足
12.8	第2次池田勇人内閣成立
12.27	池田総理、所得倍増計画発表

福島県の出来事

1.19	福島気象台、全国初の農業気象観測スタートさせる
1.27	磐城郡、好間第1小学校全焼
2.9	塩川町、堂島小学校全焼
3.1	須賀川岩瀬病院、人間ドック開設
3.23	県議会、新安保批准促進決議案可決（地方議会全国初）
4.1	上野～福島間全面電化（急行上野まで4時間30分に）
同	県公文書、全面左横書きに
4.22	河沼郡高郷村大火、24戸焼失
5.11	天皇皇后両陛下ご来県（ろう学校、県庁視察）
5.24	チリ津波、県内2人死亡
6.1	尾瀬地区、国の天然記念物に
同	NHK若松TV放送局（背炙山放送局開局）
8.9	二本松、県初女性保険所長（柄沢良子氏就任）
9.5	福島市、金融業者殺害事件
9.8	石川町に米軍機墜落、死者10人
10.1	県人口205万1137人・世帯数39万8636戸に（1955年より人口減少、世帯数は増える）
10.6	田子倉ダム完工（日本最大、7年の歳月と330億円をかけた人造湖）
10.29	会津ハードボード工場完成
12.8	平事件、最高裁有罪判決（11年振り騒乱罪105人有罪）
12.23	会津高田町、旭小学校全焼

【世相】○憧れのトニーザイラー、磐梯に　○カラーテレビ・クーラー・自動車が「三種の神器」に（3Cと呼ばれる）
ことば：「声なき声」「寛容と忍耐」「私はウソは言いません」「インスタント」「三種の神器」
歌：「アカシアの雨がやむ時」「有難や節」「潮来笠」、「誰よりも君を愛す」（第2回レコード大賞受賞）
本：『竜の子太郎』松谷みよ子、『どくとるマンボウ航海記』北杜夫、『ゆたかな社会』ガルブレイス
映画：「太陽がいっぱい」「黒いオルフェ」「チャップリンの独裁者」「渚にて」／洋画：「黒い画集」「青春残酷物語」「おとうと」「裸の島」

1960 (昭和35年) 年齢　　歳

私の記録

1961 (昭和36年)

辛丑／かのとうし　　紀元（皇紀）2620年

世界の出来事

- 1.3　米、キューバと国交断絶
- 1.20　米大統領にケネディ就任
- 2.12　コンゴ前首相ルムンバ処刑
- 4.12　ソ連、有人衛星（ボストーク号）打上げ成功（ガガーリン「地球は青かった」と語る、地球を1周して帰還）
- 5.5　米、初有人宇宙飛行（マーキュリー、シェパード）
- 5.16　韓国、朴正煕軍事クーデター成る
- 5.31　南アフリカ連邦、英連邦脱退し「南アフリカ共和国」に
- 6.3　ウィーン会談（米・ソ）ケネディー vs フルシチョフ
- 8.13　東独、東西ベルリン封鎖（後に「ベルリンの壁」建設、45.1キロ、1989年11月10日破壊）
- 9.14　西独空軍機、東独領空侵犯
- 10.20　第6次日韓会談開始
- 10.30　ソ連、最大水爆実験（ツアーリーボンバ水爆、広島型原爆の3300倍の威力）
- 10.31　第2次スターリン批判（スターリン遺体、レーニン廟から撤去）
- 11.12　韓国、朴議長来日。池田勇人首相と日韓会談の早期妥結に合意
- 12.2　パリで第3回世界柔道選手権大会（日本選手敗北、優勝はオランダのヘーシンク）

日本の出来事

- 1.1　日本海側豪雪で列車100本立往生（乗客15万人車内で越年）
- 1.15　横浜、マリンタワー開業
- 1.18　大逆事件の生き残り坂本清馬、死刑判決50年目で高裁に再審請求
- 2.5　社会党、構造改革論の新方針決定（3月6日の大会で河上丈太郎委員長選出）
- 2.14　日活スター赤木圭一郎、事故死
- 4.3　朝ドラ、獅子文六出演「娘と私」（NHK）放送開始
- 4.19　米駐日大使、ライシャワー就任
- 6.12　農業基本法公布
- 6.21　厚生省、小児マヒ生ワクチン1300万人分をソ連から緊急輸入（投与）
- 6.24　本州各地で集中豪雨続く、死者357人
- 6.29　長野県大鹿村、大規模山崩れ（死者42人、集中豪雨による土砂災害）
- 8月　大阪・釜ヶ崎で群集2000人が警官と衝突
- 9.1　日赤・愛の献血運動はじまる
- 9.16　第2室戸台風、大阪湾大被害（死者・行方不明者206人、負傷者4972人）
- 10.1　（旧）秋田空港開港
- 10.2　大関の柏戸・大鵬、ともに横綱に（柏鵬時代の幕開けといわれる）
- 10.8　第16回国体秋季大会（秋田）
- 10.26　文部省、全国中学2・3年生一斉学力テスト実施
- 12.7　にせ1000円札（チ-37号）秋田で発見（翌年末まで343枚確認）
- 12.12　政府要人暗殺計画、13人逮捕

福島県の出来事

- 1.1　若松ガス（株）、市内にガス供給開始
- 1.19　福島市歓楽街で火災、バー・キャバレーなど全焼
- 2.17　会津地方に大雪、68センチ
- 3.1　東北線・福島〜仙台間電化
- 同　会津ハードボード操業
- 3.26　中通り一帯5年振り大雪
- 4.1　郡山市、小原田中学校開校
- 同　私立安積商業高校開校
- 同　県立勿来工業高校開校
- 4.25　飯舘村大火、125戸全焼
- 5.31　皇太子ご夫妻（現天皇）来県（ろう学校ご訪問）
- 6.1　小児マヒ流行「鉄の肺」
- 8.8　松川事件、仙台高等裁判所差し戻し審で全被告無罪判決（検察側21日に再上告）
- 8.11　県知事選、第52代知事佐藤善一郎が再選
- 9.6　天皇皇后両陛下ご来県（磐梯吾妻スカイライン視察）
- 9.13　第16回国体（会津若松市）義宮ご来県、青年部初優勝
- 11.15　相馬港起工式10年計画
- 11.24　田子倉発電所4号機完成
- 11.29　児童扶養手当法公布（貧困母子家庭の子供に毎月1人800円支給）
- 12.19　にせ1000円札（チ-37号）県内初確認（日銀福島支店）

【世相】○この年、レジャーブーム　○福島県内で9月高放射能検出（46000カウント、ソ連の相次ぐ原水爆実験の影響か）、この年のスキー客が100万人突破、登山者も224万人に。
ことば：「何でも見てやろう」「上を向いて歩こう」「プライバシー」「巨人・大鵬・卵焼き」「六本木族」「不快指数」　歌：「夜霧に消えたチャコ」「南国土佐を後にして」「古城」「大利根無上」「キサス・キサス・キサス」、「君恋し」（第3回レコード大賞受賞）
本：『極楽とんぼ』里見淳、『雁の寺』水上勉、『蛍の河』伊藤佳一　映画：「名もなく貧しく美しく」「用心棒」「赤穂浪士」／洋画：「素晴らしい風船旅行」「ウエストサイド物語」「処女の泉」

1961 (昭和36年) 年齢　　歳

私の記録

1962 (昭和37年) 壬寅／みずのえとら

世界の出来事

1.1	西サモア、ニュージーランドより独立
1.9	キューバとソ連、貿易協定締結
1.10	ペルー、ワスカラン山大規模雪崩、死者4000人
1.22	キューバ、米州機構停止
1.24	東独、徴兵制復活
2.10	ベルリンにて、U-2撃墜事件でのソ連拘留米軍人と、米拘留のソ連スパイとの交換釈放
2.20	米、マーキュリー宇宙計画
2.23	欧州宇宙機関創設（12ヵ国）
3.2	ビルマ、軍事クーデター
4.21	シアトル万国博覧会開催
5.5	東ベルリン市民12人脱出
6.1	イスラエル刑務所で元ナチス親衛隊中佐アイヒマン絞首刑執行
6.3	仏・パリ、エールフランス離陸失敗（死者130人の事故）
6.22	西インド諸島でエールフランス着陸失敗、死者113人
7.1	ルワンダ・ブルジン独立
7.3	アルジェリア、仏より独立
7.25	プエルトリコ、米領に
8.5	米女優M・モンロー怪死
同	南アフリカ、マンデラ逮捕
8.6	ジャマイカ、英より独立
9.27	イエメン、内戦勃発
10.17	中国とインドの国境紛争勃発
10.22	米ケネディ、キューバ海上封鎖（キューバ危機）
11.1	ソ連、ミサイル撤収開始
11.20	海上封鎖撤回（危機終了）
11.30	国連事務総長にウ・タント選出
12.22	ナッソー協定（米・英）

日本の出来事

1月	東京にA2型流感、全国に拡大（6月まで患者47万人、死者5868人）
1.10	中性洗剤の有毒性が指摘され問題に
1.17	創価学会政治連盟、公明政治連盟と改称
2.1	東京都人口1000万人突破
3.1	テレビ受信契約者1000万人突破（普及率48.5%に）
4.7	第34回選抜高校野球大会
5.3	常磐線三河駅列車事故、死者160人
5.10	新産業都市建設促進法公布（8月1日施行）
6.10	北陸本線・北陸トンネル開通（1万3870メートル）
7.11	戦後初国産旅客機「YS-11」完成
同	創価学会、参議院内交渉公明会結成
8.12	堀江謙一、小型ヨットで太平洋単独横断に成功。3ヵ月でサンフランシスコ到着（日本出発5月12日）
8.19	第44回全国高校野球選手権大会、栃木・作新学院高校初優勝（同年度の甲子園春夏両覇は史上初）
8.26	三宅島、火山噴火と地震M5.9
	金田正一（国鉄）投手、巨人戦で通算3509奪3振の世界新記録
9.8	若戸大橋「東洋一吊り橋」開通（現北九州市、戸畑区～若松区）
	仙台放送開局（民間）
10.1	国づくり（人づくり）懇談会
10.26	初会合（12月5日発足）
10.30	最高裁、50年間無実を訴えた吉田石松（岩窟王）の再審を決定（翌年無罪判決）
11.6	みちのくコカ・コーラ設立（青森県・岩手県・秋田県担当、宮城・山形・福島県は仙台が担当）
11.9	「日中長期総合貿易覚書」締結

福島県の出来事

1.25	郡山教育委、久米・宮本賞
2.1	富岡町、第1中学校全焼
2.5	福島・青森両県「労働力協定」結ぶ
2.15	常磐市、湯本第1小学校全焼
3.11	西会津町野沢で映画館・家屋17戸焼失
4.1	県立二本松工業高校・喜多方工業高校・私立聖光学院工業高校など開校
4.25	県立工業高等専門学校開校
4.29	相馬市、大野中学校全焼
5.7	西会津町下野尻大火、88棟焼失
6.8	奥只見発電所完成（387億円）
7.12	福島電鉄「福島交通（株）」に
7.13	県内に集中豪雨、死者2名
7.17	第1回伸び行く福島の観光と物産展開催（東京三越本店）
8.18	県総体、重量挙げジュニアバンタム級・川崎武が世界新記録（平市出身）
9.8	県農協会館落成（福島市）
9.11	作家・中山義秀の文学碑完成（出身地・長沼町牛臥ヶ城跡）
10.19	柳津町、小学生乗せたトラック転落、死亡者5人
11.1	白河市でニセ1000円札（チ-37号）3枚目発見
11.30	喜多方市～米沢市間のバス路線廃止

【世相】○福島県では郡山市金透小学校がNHK全国学校器楽コンクールで2年連続日本一に
○この年、東京スモッグ（大気汚染）続く
ことば：「無責任時代」「総会屋」「青田買い」「わかっちゃいるけどやめられない」
歌：「王将」「下町の太陽」「遠くへ行きたい」、「いつでも夢を」（第4回レコード大賞受賞）／童謡：「おもちゃのチャチャチャ」
本：『悲の器』高橋和巳、『砂の女』安倍公房、『天才と狂人の間』杉森久英
映画：「キューポラのある街」「切腹」／洋画：「世界残酷物語」

1962 (昭和37年)　年齢　　歳

私の記録

1963 (昭和38年) 癸卯／みずのとう

世界の出来事

1.22	エリゼ条約制定（仏独協力条約、欧州統合の機枢国となった条約）
2.18	インドネシア、バリ島のアグン山噴火（世界的気温低下をもたらす）
4.11	米原潜スレッシャー号ボストン沖で沈没、乗員129人全員死亡
5.8	南ベトナム、仏教徒弾圧
6.15	坂本九の歌「スキヤキ（上を向いて歩こう）」が米・ビルボードトップ100の第1位に
7.20	米・ソ連、対立激化
8.8	ロンドン郊外大列車強盗（約26億円強奪、UKポンド）
8.28	ワシントンDC大行進（人種差別撤廃求めるデモ）
10.9	伊、バイオントダム地すべり災害、死者2000人
11.1	南ベトナム、クーデター
11.4	アイスランド、海底火山噴火（スルツェイ新島出現、2008年世界自然遺産に）
11.22	米、ケネディ大統領ダラスにて暗殺される（当ニュースは日米間初の衛星テレビ中継で伝えられたニュースとなる）
12.17	韓国、朴正熙が大統領に就任

日本の出来事

1.1	わが国初テレビアニメ「鉄腕アトム」放送
2.10	小倉・門司・戸畑・若松・八幡5市合併、「北九州市」政令指定都市に
3月	寿屋が「サントリー」へ社名変更
3.31	吉展ちゃん誘拐殺人事件
4月	三ちゃん農業、主出稼ぎ（爺ちゃん婆ちゃん母ちゃん）
4.7	大河ドラマ「花の生涯」(NHK)放送開始（船橋聖一原作、尾上松緑出演）
4.22	初の女性週間誌『女性セブン』（小学館）創刊
4.25	大阪駅前に日本初の横断歩道橋完成
5.1	狭山事件（16歳少女誘拐殺人事件）
6.1	海上保安庁最初の不審船追跡事件
6.5	関西電力が黒部第4発電所完成
7.2	日清食品「日清焼そば」発売
7.11	老人福祉法公布
7.16	日本初高速道路「名神高速道路」開通（栗東りっとう〜尼崎）
7.21	皆既日食（北海道ベーリング海まで）
8.15	政府主催の全国戦没者追悼式（第1回は1952年5月2日、その後毎年8月15日に行われることに）
8.17	沖縄で「みどり丸」沈没
8.30	国土地理院、日本の基本地図は2万5000分の1表記規格に
9.1	国鉄、自動列車停止装置（ATS）設置
9.5	草加次郎事件（銀座線爆破）未解決
9.12	最高裁で松川事件被告全員無罪判決
11.1	新1000円札（伊藤博文）発行（ニセ札対策）
11.9	炭鉱爆発事故（福岡県）、死者458人
同	東海道線、横浜で二重衝突、死者161人
11.23	日米間初の衛星テレビ中継放送（放送中、ケネディ大統領暗殺事件発生）
12.8	力道山刺される（15日死去）
12.9	第3次池田勇人内閣成立

福島県の出来事

1月	会津若松市の「市制だより」が県で優勝し全国自治体広報紙大会へ
1.23	会津大寒波、豪雪記録（北陸・上信越線全線運休、都市機能マヒ、死者84人）
2.25	四倉町・大久町・久ノ浜町・広野町へ飛び火する火災、93棟全焼、山林930ヘクタール焼失
3.25	福島市「信夫山事件」、信夫山廃坑から中学生の他殺死体が発見される
4.1	福島テレビ開局（民放県初）
6.1	常磐線、上野〜平電化開通
6.11	県商工会館落成（福島市）
7.4	郡山の秀瀬日吉市長、社会党離党届け（党除名）
7.12	常磐・郡山地区、閣議で「新産業都市」に内定
8.15	第1回全国戦没者追悼式（東京・日比谷公会堂）
8.20	国鉄会津只見線開通、「会津線」に若松より全通
9.7	日本軟式野球大会（福島市）、高松宮ご来県（高松宮杯）
9.12	松川事件最終判決（最高裁は20被告全員無罪、上告棄却）
9.20	郡山市、連続強盗放火事件解決
9.25	県、国有林野解放期成同盟結成
11.11	県営会津競輪場廃止

【世相】ことば：「バカンス」「三ちゃん農業」「OL」「へんな外人」「カギッ子」
歌：「高校三年生」「黒ねこのタンゴ」「浪曲子守歌」「男船」、「こんにちは赤ちゃん」（第5回レコード大賞受賞）
本：『竜馬がゆく』司馬遼太郎、『流通革命』林周二、『感傷旅行』田辺聖子
映画：「天国と地獄」黒澤明／洋画：「アラビアのロレンス」「007は殺しの番号」

1963 (昭和38年) | 年齢　　歳

私の記録

1964 (昭和39年) 甲辰／きのえたつ

世界の出来事

- 1.8 米ジョンソン大統領、一般教書演説で「貧困との戦い」を宣言
- 1.27 中国と仏、国交樹立
- 1.29 第9回冬季オリンピック大会開幕（オーストリア・インスブルック）
- 1.30 南ベトナム、クーデター（米傀儡、グエンカーン政権成立）
- 2.11 中華民国（台湾）と仏、国交断絶
- 同 ギリシャvsトルコ戦闘
- 3.23 国連貿易開発会議120ヵ国参加（ジュネーブ）
- 3.27 アラスカ南部地震、M9.2（アンカレッジ、死者125人）
- 3.30 ブラジルで軍事クーデター（以後21年間カステロブランコ将軍の独裁政権となる）
- 4.5 マッカーサー死去、84歳
- 4.19 訪中の松村謙三代議士と廖承志中日友好協会長、新聞記者交換、貿易連絡事務所開設で合意・調印
- 5.15 太平洋横断の海底電話線敷設完成（国際電話）
- 8.2 トンキン湾事件（北ベトナム軍がトンキン湾で米軍艦を攻撃、4日米軍が北ベトナム海軍基地を報復爆撃）
- 10.16 中国が原爆実験（世界5番目）

日本の出来事

- 1.2 連続殺人犯・西口彰を逮捕（大学教授・弁護士を装い5人殺害。10歳娘が見抜き、通報により逮捕）
- 3.24 米大使ライシャワー、暴漢に刺され輸血（輸血から血清肝炎になり、問題化）
- 4.1 日本、IMF（国際通貨基金）移行
- 4.25 第1回戦没者叙勲発令
- 4.28 第1回生存者叙勲発表（大勲位・吉田茂）
- 同 日本、OECD（経済協力開発機構）に加盟（先進資本主義国の仲間入り）
- 5.14 ソ連最高会議議員団来日
- 5.21 共産党の志賀義雄と鈴木市蔵除名（党決議に反し、部分的核実験停止条約を支持したことによる）
- 6.16 新潟大地震、M7.5、死者26人（全壊全焼2250戸、昭和石油炎上）
- 9.4 日本国会議員団、ソ連訪問（相互）
- 9.17 東京モノレール開業
- 9.23 巨人・王貞治、年間本塁打55本で日本新記録（長嶋茂雄と並びON砲と言われる）
- 9.29 日中記者交換（北京・東京相互）
- 10.1 東海道新幹線開業
- 10.2 オリンピック記念1000円銀貨発売
- 10.10 第18回オリンピック東京大会（参加94ヵ国、選手総数5541人）
- 11.8 パラリンピック東京大会開催
- 11.9 池田勇人内閣総辞職、佐藤栄作内閣へ
- 11.12 全日本労働総同盟（同盟）発足
- 同 米原潜シードラゴン号、佐世保入港
- 11.17 公明党結成大会（原島宏治委員長）

福島県の出来事

- 1.1 福島市、信夫郡飯坂町を合併（17万都市に）
- 2.25 国道4号線県内85.66キロ全線舗装完成（1952年着工）
- 3.3 常磐・郡山新産業都市に指定される
- 3.23 佐藤善一郎知事死去、65歳
- 4.1 県ゴルフ連盟発足
- 4.2 裏磐梯に国民休暇村オープン
- 4.12 毎日マラソン、円谷幸吉が2位（須賀川市出身）東京オリンピック代表に
- 4.25 第1回戦没者叙勲発令（本県関係者259人）
- 4.28 尚志学園女子工業高校開校（日本女子工業高校－尚志高校）
- 4.29 県下戦後最大の凍霜被害（被害額60億）
- 4.30 南会津伊南村大火、66戸焼失
- 5.15 常磐炭田、古河好間閉山
- 5.16 県知事選、木村守江当選
- 5.29 国鉄「会津尾瀬号」運行
- 6.27 国道13号線、栗子第2トンネル貫通（第1は7月17日）
- 8.11 会津若松市民家に日本刀強盗（犯人16年前の熱海町一家6人殺しを自供）
- 9.28 国鉄、上野～福島全線複線
- 10.10～24 東京オリンピック、マラソン円谷幸吉・重量挙げミドル級大内仁（郡山出身）銅メダル獲得。オリンピックマーチは古関裕而が作曲（福島市出身）

【世相】○この年の7～8月、全国的異常気象　○海外旅行自由化
ことば：「根性」「ウルトラC」「東洋の魔女」「オレについてこい」「みゆき族」「前ガン症状」
歌：「東京五輪音頭」「アンコ椿は恋の花」「お座敷小唄」「夜明けの歌」、「愛と死をみつめて」（第6回レコード大賞受賞）
本：『楡家の人びと』北杜夫、『咲庵』中山義秀、『炎は流れる』大宅壮一、『氷点』三浦綾子（朝日新聞1000万円懸賞作品、12月9日より1965年11月14日まで連載、大変な反響をよぶ）
映画：「砂の女」「赤い殺意」「怪談」／洋画：「マイ・フェア・レディ」（米）　テレビ：「ひょっこりひょうたん島」

1964 (昭和39年) 年齢　　歳

私の記録

1965 (昭和40年) 乙巳／きのとみ

世界の出来事

- 1.20 インドネシア、国連脱退
- 1.24 チャーチル英元首相死去
- 2.7 米軍、北ベトナム爆撃
- 2.21 米、黒人指導者マルコムX暗殺
- 3.8 米軍、ダナン（北）上陸
- 3.18 ソ連、人類初宇宙遊泳（ボスホート2号、レオーノフ飛行士）
- 6.19 アルジェリア、軍事クーデター（ベン＝ベラ政権崩壊）
- 6.22 日韓基本条約調印
- 7.10 米、火星探査機マリナー、火星の写真撮影成功
- 8.9 シンガポール、マレーシアより独立
- 9.6 インドとパキスタン軍衝突（第2次インド・パキスタン戦争勃発）
- 10.24 F1メキシコGPレース、ホンダ初優勝
- 11.9 フィリピン、マルコス大統領当選
- 11.10 中国、文化大革命開始
- 11.11 ローデシア、独立宣言
- 12.10 日本、国際連合安全保障理事会・非常任理事国に
- 12.15 米、宇宙船ジェミニ6A号と7号、ランデブー成功

日本の出来事

- 1.10 佐藤栄作総理訪米（13日ジョンソン米大統領と共同声明）
- 1.11 伊豆大島で大火、567戸焼失
- 2.1 原水爆禁止国民会議結成
- 2.22 夕張鉱業所ガス爆発、死者61人
- 3.1 小倉（北九州）空港開港
- 3.10 富士山レーダー観測開始
- 3.14 イリオモテヤマネコ（沖縄）発見
- 3.18 博物館明治村開館（愛知県犬山市）
- 4.24 小田実らが米の北ベトナム爆撃に反対し「ベ平連」を結成
- 5.9 アイスクリームの日（東京アイスクリーム協会）
- 6.1 福岡、山野炭鉱爆発、死者237人
- 6.6 日本サッカーリーグ開幕
- 7.4 吉展ちゃん事件容疑者逮捕（小原保）
- 7.29 少年ライフル魔事件（座間・渋谷）
- 8.3 長野県松代群発地震、はじまる
- 8.19 佐藤総理、戦後初の沖縄訪問
- 9.18 新彗星発見「池谷・関彗星」と命名
- 9.24 国鉄「みどりの窓口」開設
- 10.1 第10回国勢調査（9920万9137人）
- 10.5 マリアナ海域漁船集団遭難事件（死者・行方不明者209人、カツオ漁船7艘）
- 10.6 日本初カラーテレビアニメ「ジャングル大帝」（フジテレビ）放送開始
- 10.21 朝永振一郎、ノーベル物理学賞受賞
- 11.1 東海道新幹線「ひかり」運行開始（東京〜大阪間3時間10分に）
- 11.8 「11PM」（日本テレビ）放送開始
- 11.17 プロ野球第1回ドラフト会議
- 11.19 戦後初「赤字国債」発行閣議決定

福島県の出来事

- 1.18 第1回円谷駅伝大会（県庁〜郡山駐屯地、56キロ）
- 3.2 駐日米ライシャワー大使夫妻来県（会津・郡山・福島視察）
- 3.13 郡山駅前繁華街で暴力団同士ピストル乱射、2人重傷
- 4.2 県内インフルエンザ流行（死者29人）
- 4.13 県警本部、組織暴力団員182人検挙
- 4.19 ボストンマラソンで宍戸英顕（遠野町出身）が2位に
- 5.1 郡山市、新産業都市促進法（安積地方10町村合併し20万都市）
- 5.10 県の鳥選定「キビタキ」に
- 5.26 子宮がん検診車1号導入
- 6.30 国有林解放期成同盟大会
- 7.27 福島交通労組スト決行
- 9.17 会津鶴ヶ城天守閣再建
- 同 NHK福島カラーテレビ放送開始
- 10.1 会津若松駅〜上野間の特急列車が運行開始
- 10.17 会津若松市、空き地に放置されていたアイスボックスで遊んでいた幼児3人窒息死事件
- 11.1 国勢調査、県単位発表（198万3745人、42.4万世帯）※
- 11.8 スカイラインの通過車両50万台突破
- 12.18 福島交通紛争、無期限スト突入（会社側知事一任）

【世相】※ 2015年4月1日現在は、福島県人口192万6961人（男94万527人・女98万6434人）
○いざなぎ景気　○ファイティング原田、世界ボクシング・バンタム級王者に（日本人初）　○異常天候回復、福島県が稲作収穫量東北一に
ことば：「エレキ族」「シゴキ」「マジメ人間」「0メートル地帯」「シェー」　歌：「愛しちゃったのよ」「函館の女」「柔」（第7回レコード大賞受賞）　本：『ベトナム戦記』開高健、『昭和史発掘』松本清張、『成せば成る！』大松博文　映画：「東京オリンピック」「赤ひげ」「飢餓海峡」「日本列島」

1965 (昭和40年) 年齢　　歳

私の記録

1966 (昭和41年) 丙午／ひのえうま

世界の出来事

- 1.3 アジア・アフリカ・ラテンアメリカ三大陸人民連帯会議、参加100ヵ国（帝国主義・新旧植民地主義反対闘争強化を決議）
- 1.17 米の水爆搭載B52爆撃機、スペイン沖に墜落（パロマレス落下事故、水爆全4個回収）
- 1.21 日ソ航空協定締結
- 1.24 インドのインディラ・ガンジー内閣成立
- 2.3 ソ連、無人月探査機ルナ9号月面軟着陸成功
- 2.26 ゴダイ（南ベトナム）の虐殺
- 3.5 英、旅客機空中分解事故、乗員乗客124人全員死亡
- 5.16 中国、文化大革命（「五・一六通知」、姚文元が呉晗の『海瑞罷官』を批判）
- 7.1 仏軍、NATO統一軍脱退
- 7.17 北ベトナム、ホーチミン国民に徹底抗戦を訴える
- 9.1 仏、インドシナ中立支持
- 9.30 英連よりボツワナ独立
- 10.5 米、エンリコフェルミ炉で原子炉炉心溶融事故（世界初、デトロイト壊滅危機に）
- 11.4 伊、ベニス高潮被害
- 12.3 マカオ、十二・三事件（国共対立・文化大革命暴動）
- 12.15 ウォルト・ディズニー氏死去、65歳（ミッキーマウスの生みの親）

日本の出来事

- 1.1 日本人海外旅行制限撤廃（500USドルまで）
- 1.15 現職外相・椎名悦三郎、戦後ソ連に初訪
- 2.4 全日空機、東京湾に墜落、死者133人
- 3.4 カナダ航空機、濃霧のため羽田防潮堤に激突・炎上、死者64人
- 3.5 ボーイング707型機、富士山付近で空中分解墜落、124人全員死亡
- 3.10 シチズン、電子腕時計「X-8」発売
- 3.31 日本人口1億55万4894人に
- 4.1 メートル法完全施行（尺貫法禁止）
- 4.26 戦後最大の公共交通機関ストライキ
- 5.18 文部省、大学推薦入学制度採用
- 5.21 国立京都国際会館開館
- 5.30 米原子力潜水艦、横須賀初入港
- 6.30 ビートルズ来日（日本武道館）
- 同 清水市、強盗殺人放火事件（8月18日袴田巌逮捕）
- 7.1 日本航空・全日空スカイメイト導入（国内線旅客運賃割引制度）
- 7.17 「ウルトラマン」（TBS系）放送開始
- 8.6 女子バレーボール、ニチボー貝塚連勝記録が258でストップ
- 8.18 静岡県警が袴田巌を逮捕、死刑判決（以後48年にわたる再審請求により冤罪が確定、釈放）
- 8.20 上越線、新清水トンネル貫通
- 9.24 天草五橋開通
- 10.28 『週刊プレイボーイ』（集英社）創刊
- 11.1 国立劇場開場
- 11.13 全日空機松山沖墜落、死者50人
- 12.3 第1次佐藤栄作内閣（第3次改造）
- 12.27 衆議院解散（黒い霧解散）

福島県の出来事

- 1月 毎月第3日曜日「家庭の日」に
- 同 本宮方式映画制作の会「こころの山脈」が日本映画記者会賞・ブルーリボン特別賞を受賞
- 1.15 常磐ハワイアンセンター（いわき・ハワイアンズ）開業
- 2.21 「国立磐梯青年の家」開所（猪苗代町・磐梯山麓）
- 3.17 東京地方裁判所、「吉展ちゃん誘拐殺人事件」の本県出身の被告に死刑判決（控訴棄却）
- 4.1 緑ヶ丘学園短期大学（福島）、昌平黌短期大学（いわき）開校
- 4.18 郡山女子大学開校式
- 5.29 国道13号線栗子トンネル開通式
- 6.1 福島市、松川町・信夫村と合併20万都市に
- 7.16 川内村「天山文庫」落成（詩人・草野心平名誉村民）
- 9.24 台風26号、大雨で死者12人
- 9.28 県の木「ケヤキ」に
- 10.1 全国一広域いわき市誕生（県内10市・50町・30村となる、1967年11月1日施行）
- 10.26 沖縄摩文仁の丘に「ふくしまの塔」除幕
- 10.29 「県民の歌」公募、小野中学校の教諭・吉田武氏の作詞に決まる（曲は翌年2月に公募発表）

【世相】ことば：「過疎」「3C時代」「黒い霧」「びっくりしたなーもう」「ケロヨン」
歌：「星影のワルツ」「君といつまでも」「骨まで愛して」「夢は夜ひらく」「バラが咲いた」、「霧氷」（第8回レコード大賞受賞）
本：『黒い雨』井伏鱒二、『沈黙』遠藤周作、『青年の輪』野間宏、『蒼ざめた馬を見よ』五木寛之（直木賞）
映画：「こころの山脈」「白い巨塔」／洋画：「市民ケーン」（米）、「戦争と平和」（ソ連）、「男と女」（仏）、「大地の歌」（インド）
テレビ：この年の5月、日曜夕方「笑点」はじまる（1964年の話題の小説『氷点』をもじったタイトル）

1966 (昭和41年) 年齢　　歳

私の記録

1967 (昭和42年) 丁未／ひのとひつじ

世界の出来事

- 1.9 米国防省、対ベトナム兵力47万3000人と発表
- 4.24 ソ連、宇宙船着陸失敗（ソユーズ1号、コマロフ死亡）
- 4.28 モントリオール万博開幕
- 6.17 中国、初の水爆実験
- 6.27 英、ロンドンバークレー銀行に世界初のATM（現金自動預け払い機）設置
- 7.1 ブリュッセル条約（EC）成立（欧州石炭鉄鋼共同体、経済欧州原子力共同体を統合）
- 7.12 米デトロイト州で黒人暴動、死者23人
- 7.19 マッターホルン北壁に女性初登頂（今井通子・若山美子）
- 7.23 米ミシガン州でも黒人暴動
- 8.8 東南アジア諸国連合(ASEAN)結成
- 9.2 英、ロイ・ベイツが海上要塞占拠し「シーランド公国」宣言（映画じみた夢想狂言）
- 10.3 米機X-15A、マッハ6.7に到達
- 10.16 全米各地でベトナム反戦集会、ワシントン市に10万人
- 11.9 ニューヨークで武満徹作曲の「ノヴェンバー・ステップス」初演
- 12.3 南アフリカ・ケープタウンで世界初のヒトからヒトへの心臓移植手術（18日後死亡）
- 12.29 韓国、ヒュンダイモーターカンパニー設立

日本の出来事

- 1.12 日本血液銀行協会設立（売血全廃決定）
- 2.11 戦後初の建国記念日（各地で行事）
- 2.15 東京国際空港、羽田に時限爆弾事件
- 2.17 第2次佐藤栄作内閣発足（全閣僚再任）
- 3.6 日本航空、世界一周線運航開始
- 3.20 本田技研工業「N360」軽自動車発売
- 4.15 東京都知事、美濃部亮吉に（革新）
- 5.30 東洋工業（マツダ）ロータリーエンジン搭載車発売、話題に
- 6.10 筑波研究学園都市への東京教育大移転
- 7月 タカラトミー社「リカちゃん人形」発売
- 8.1 北アルプス西穂高岳落雷遭難事故（松本深志高校2年生、死者11人）
- 8.3 公害対策基本法公布
- 8.26～29 羽越豪雨・洪水被害
- 9.1 四日市ぜんそく患者訴訟、9人（わが国初の大気汚染訴訟）
- 10.1 ラジオ「オールナイトニッポン」（ニッポン放送）開始（深夜放送の代名詞に）
- 同 日本初の寝台列車581系運用開始
- 10.2 ツイギー来日、ミニスカートブーム
- 10.20 吉田茂元総理死去、89歳
- 10.31 吉田茂、戦後初の国葬挙行
- 11.1 福島県の平市・常磐市・磐城市・内郷市・勿来市など5市・4町・5村合併し、「いわき市」誕生
- 11.1 八郎潟干拓農地へ入植はじまる
- 11.9 米軍押収の原爆記録映画を返還
- 11.25 第2次佐藤栄作内閣（第1次改造）

福島県の出来事

- 2.11 「県民の歌」制定（一般公募で選定、作詞・吉日武、作曲・星和男）
- 2.13 双葉郡大熊町の東京電力原子力発電所建設に伴う漁業補償金1億円の配分決まる
- 4.1 県労働福祉会館落成（福島）
- 同 いわき商工会議所発足
- 4.13 県農業短期大学校開校
- 5.15 木村守江知事、南米訪問（ブラジル県人会50周年記念で野口英世胸像序幕式出席のため）
- 5.26 北塩原村大火、99戸焼失
- 7.1 国鉄、郡山～喜多方間電化
- 8.16 大熊町、東京電力福島原子力発電所1号機定礎式
- 9.10 会津博覧会開幕
- 9.22 「戊辰100年祭」で秩父宮妃迎え式典（会津若松市）
- 9.28 東北線、福島～仙台間複線化完成
- 10.1 常磐線、平～岩沼間電化完成
- 10.6 福島医科大学付属病院に「県立がんセンター」落成
- 11.1 「いわき市」誕生（5市・4町・5村の大合併）
- 11.12 福島交通、全路線運休と従業員全員解雇通告
- 11.13 衆議院運輸委員会一行、福島交通紛争の実情調査

【世相】○ラーメン100円　ことば：「対話」「蒸発」「ボイン」「ヒッピー族」「フーテン族」「カッコイイ」「サユリスト」
歌：「世界は二人のために」「小指の思い出」、「ブルー・シャトウ」（第9回レコード大賞受賞）
本：『火垂るの墓・アメリカひじき』野坂昭如、『聖少女』三好徹、『華岡青洲の妻』有吉佐和子、『万延元年のフットボール』大江健三郎、『カクテルパーティー』大城立裕（芥川賞）
映画：「日本のいちばん長い日」「上意討ち」「人間蒸発」／洋画：「アルジェの戦い」（伊・アルジェリア）、「欲望」「夕日のガンマン」（伊）、「戦争は終わった」（仏）

1967 (昭和42年) 年齢　　歳

私の記録

1968 (昭和43年) 戊申／つちのえさる

世界の出来事

- 1.5 チェコ、プラハの春（ドプチェク第一書記に）
- 1.8 アラブ3国、アラブ石油輸出機構（OAPEC）結成
- 1.21 米軍機B52、グリーンランド沖墜落行方不明（水爆4個搭載）
- 1.30 ベトナム戦争、テト攻勢
- 1.31 英連邦よりナウル独立
- 2.6 仏、グルノーブル冬季五輪
- 2.12〜 ベトナム戦争で韓国軍兵士による虐殺事件発生（12日にフォンニャット村虐殺、25日にハミ村虐殺〈米軍含む〉、3月16日にソンミ村虐殺）
- 4.4 米、M・Rキング牧師暗殺
- 5.21 仏、ゼネラルストライキ（五月革命、1000万人参加）
- 6.5 米、ロバート・F・ケネディ暗殺
- 6.27 チェコスロバキアで「二千語宣言」（ソ連は「反革命」の兆候であると受け取る）
- 7.14 プラハの春（ワルシャワ会談、ドプチェク批判）
- 8.20 ワルシャワ条約機構軍、チェコに軍事介入（ドプチェク逮捕）
- 8.24 仏、サハラ砂漠水爆実験
- 9.12 アルバニア、ワルシャワ条約機構を脱退
- 10.12 第19回メキシコ五輪
- 11.5 米、ニクソン大統領に
- 12.22 中国、文化大革命（毛沢東「人民日報」農村へ）
- 12.24 アポロ8号、月地平線より昇る地球を撮影

日本の出来事

- 1.4 公定歩合引き上げ（1銭7厘）
- 1.14 南極観測船「ふじ」南極大陸接岸
- 1.16 米原子力空母エンタープライズ、佐世保入港（阻止闘争激化）
- 1.27 佐藤栄作総理、国会で「非核3原則」決議
- 1.29 東大医学部無期限スト「東大闘争」
- 2.21 清水市、金蟶老事件（2人射殺）※
- 2.23 倉石農相「現行憲法は他力本願」発言により辞任
- 2.26 成田空港、三里塚闘争
- 3.3 尾道大橋開通（本州〜向島）
- 3.9 富山、神通川イタイイタイ病患者28人、三井金属鉱業に損害賠償訴訟
- 4.12 霞が関ビル36階建て完成（147メートル）
- 5.16 十勝沖地震、M7.9、死者52人
- 5.30 消費者保護基本法公布
- 6.2 九州大学に米軍機ファントム墜落
- 6.26 小笠原諸島、日本復帰
- 7.1 郵便番号制度実施
- 7.7 第8回参議院選挙、タレント議員当選
- 8.18 岐阜集中豪雨、飛騨川へバス転落（バス2台、乗客104人死亡）
- 10.1 道路交通法改正、点数制度導入
- 10.15 北九州市「カネミ油症事件（PCB）」
- 10.17 川端康成、ノーベル文学賞受賞
- 10.23 明治百年記念式典（1868年から）
- 11.4 皇居新宮殿落成
- 11.30 第2次佐藤栄作改造内閣
- 12.1 大気汚染防止法・騒音規制法施行
- 12.10 3億円事件（白バイ偽装、未解決）
- 12.19 日本初、第9越冬隊南極点に到達

福島県の出来事

- 1.5 東北電力、原子力発電所建設場所を浪江に決定
- 1.9 円谷幸吉自殺、27歳
- 1.15 奥只見豪雪（会津線不通）
- 1.25 福島交通、織田大蔵社長勇退を表明
- 1.26 郡山市立第3中学校火事
- 2.12 只見豪雪、3.5メートル（自衛隊出動）
- 2.21 福島交通社長に小針暦二就任
- 4.22 猪苗代湖水利問題で安積疎水と東京電力の調停成立
- 4.25 県知事選、木村守江再選
- 5.29 体力つくり全国大会（福島）
- 6.22 福島大学学長の退陣要求
- 7.31 皇太子ご夫妻（現・天皇）第10回国立公園大会ご出席（裏磐梯・国民休暇村）
- 8.17 日本母親大会（福島市）
- 8.22 郡山市、暴力団抗争事件（131人逮捕、警察700人動員）
- 9.20 福大紛争、経済・教育スト
- 10.1 福島市と吾妻町が合併、22万都市に
- 10.11 福大学長、海後勝雄辞任
- 10.14 郡山の日大工学部紛争（校舎を焼き、教授30人軟禁）
- 11.5 郡山市新庁舎落成
- 11.23 福島市FMC合唱団、第21回全日本コンクールで日本一に
- 12.11 小野町・浮金小学校火災
- 12.20 県産米年間収穫量、55万9000トン
- 12.31 年間交通事故死者数284人に（東北一）

【世相】※「金キ老事件」のキの字は「女偏に喜」が正当。　○「3億円事件」は1975年12月10日で時効成立。
ことば：「昭和元禄」「いざなぎ景気」「ハレンチ」「大衆団交」「ゲバ棒」「拒絶反応」
歌：「恋の季節」「帰って来たヨッパライ」、「天使の誘惑」（第10回レコード大賞受賞）
本：『共同幻想論』吉本隆明、『青玉獅子香炉』陳舜臣、『都市の倫理』羽仁五郎
映画：「黒部の太陽」／洋画：「猿の惑星」「卒業」「ロミオとジュリエット」

1968 (昭和43年) 年齢　　歳

私の記録

1969 (昭和44年) 己酉／つちのととり

世界の出来事

- 1.1 チェコスロバキア、連邦制に
- 1.16 プラハの春圧殺（ワルシャワ機構軍侵攻）
- 3.2 中ソ国境紛争（珍宝島）
- 3.30 仏、フランシーヌ・ルコント政治活動中焼身自殺（歌「フランシーヌの場合」）
- 4.15 米海軍EC-121機撃墜事件（北朝鮮に、死者31人）
- 4.28 仏ドゴール大統領退任
- 5.30 英、世界最大客船クイーン・エリザベス2号就航（客室927室、乗客定員1778人、乗員1016人）
- 6.8 南ベトナム、臨時革命政府樹立
- 6.28 米、ストーンオール反乱（同性愛者らニューヨークで）
- 7.7 カナダ、公用語法成立（英語・仏語双方）
- 7.14 サッカー戦争（エルサルバドルとホンジュラス100日戦争、米州調停）
- 7.15 仏、ポンピドー大統領に
- 7.20 米、アポロ11号人類初月面有人着陸（アームストロング船長、TV中継）
- 同 ガーナ、アポロ病（急性出血性粘膜炎、世界で流行）
- 8.14 英軍、北アイルランドの宗教紛争に介入
- 8.15 米、ウッドストック・フェスティバル開催
- 9.23 中国、第1回地下核実験
- 10.21 ソマリア、クーデター
- 11.1 日本記者クラブ結成

日本の出来事

- 1.2 天皇一般参賀にパチンコ狙撃事件
- 1.18 東大安田講堂攻防戦（631人逮捕）
- 1.24 美濃部亮吉都知事、公営競技廃止
- 2.8 石川県、自衛隊小松基地F-104戦闘機墜落、死者4人
- 2.15 ブルーボーイ事件判決（性転換）で被告医師有罪判決（現・同一性障害）
- 3.1 NHK-FM放送開始
- 3.12 首都圏大雪（交通混乱）
- 3.21 西名阪自動車道、全線開通
- 4.7 永山則夫連続射殺事件、犯人逮捕（東京・京都・函館・名古屋で4人射殺、犯行当時19歳、48歳の時に死刑執行）
- 5.10 国鉄、グリーン車・普通車制導入
- 5.26 東名高速道路・全区間開通
- 6.10 夜行高速バス・ドリーム号運行開始
- 同 GNP、西独を抜き世界2位に
- 6.12 日本初原子力船「むつ」進水式
- 8.1 箱根彫刻の森美術館開館
- 8.4 「水戸黄門」（TBS）放送開始（全43部）
- 8.18 第51回全国高校野球選手権決勝（三沢高 vs 松山商、延長18回引き分け、再試合に。優勝は松山商）
- 8.27 映画「男はつらいよ」公開（全48作）
- 9.6 新東京国際空港(成田)建設開始
- 10.1 日本、宇宙開発事業団発足
- 10.4 「8時だヨ！全員集合」（TBS）放送開始
- 10.6 松戸市、すぐやる課設置（発案者松本清市長マツモトキヨシ創業者）
- 10.9 巨人、5年連続セ・リーグ優勝
- 同 読売新聞社主・正力松太郎死去
- 10.10 巨人・金田正一投手400勝達成
- 11.5 赤軍派、大菩薩峠事件（53人逮捕）
- 12.27 第32回衆議院総選挙（自民288）※

福島県の出来事

- 1.15 本県出身・児玉誉士夫、ロッキード社から5000万円のコンサル料受領が表面化
- 1.31 福島・栃木・茨城3県が阿武隈・八溝山系農業開発促進協議会結成
- 2.5 郡山市磐梯熱海温泉「磐光ホテル」火災、31人焼死（原因・金粉ショーで松明に引火）
- 4.23 松川事件、国家賠償請求訴訟に判決（国側敗訴・最高裁）
- 5.8 秩父宮実母・松平信子死去、82歳
- 5.29 西郷村、トラック二重衝突で援農婦人ら7人死亡
- 7.9 福島医大付属病院ストライキ、外来患者不診察により混乱
- 7.13 福島大学火災、11教室焼失
- 8.1 福島医大学紛争、4県立病院が外来診療ストップでマヒ状態（三春・宮下・川俣・本宮）
- 8.12 会津若松市方面集中豪雨、死者・行方不明者11人（被害額100億円超す）
- 9月 滝根町で新鍾乳洞発見
- 9.25 世界重量挙げ選手権大会（ワルシャワ）郡山出身大内仁・ライトヘビー級優勝
- 11.5 山梨県大菩薩峠における連合赤軍派武闘訓練に本県高校生5人参加、逮捕
- 11.7 県教育委員会、高校生の政治活動全面禁止通達
- 12月 福島県年間交通事故死者、これまで最高の398人を記録

【世相】※小沢一郎、浜田幸一、森喜朗、渡部恒三、羽田孜、綿貫民輔、土井たか子、不破哲三らが初当選。
ことば：「ニャロメ」「あっと驚くタメゴロー」「はっぱふみふみ」「モーレツ」
歌：「ブルーライトヨコハマ」「長崎ブルース」「熱海の夜」「抱擁」「いいじゃないの幸せならば」（第11回レコード大賞受賞）
本：『断絶の時代』ドラッカー、『知的生産の技術』梅沢忠夫、『坂の上の雲』司馬遼太郎、『春の雪』三島由起夫
映画：「橋のない川」／洋画：「アポロンの地獄」「真夜中のカーボーイ」

1969 (昭和44年) 年齢　　歳

私の記録

1970 (昭和45年) 庚戌／かのえいぬ

世界の出来事

- 2.3 日本、国連で核拡散防止条約に調印
- 3.1 米、沖縄嘉手納基地を新たな輸送戦略基地に決定
- 3.19 東西独初首脳会談
- 4.10 英、ビートルズ解散
- 4.11 アポロ13号、酸素タンク爆発事故（アポロ窮地・無事生還）
- 4.19 松村謙三、中国を訪問（周恩来と会見）
- 4.29 中国、初人工衛星打上げ成功
- 5.31 ペルー、アンカシュ地震、死者・行方不明者7万人
- 6.26 チェコスロバキア共産党ドプチェク第1書記逮捕・除名、「プラハの春」終わる
- 7.23 オマーン、カーブース・ビン＝サイードがスルターン（アラビア語で君主）に即位
- 9.6〜12 PFLP（パレスチナ解放人民戦線）旅客機同時ハイジャック事件、3機体同時爆破（犠牲者なし）
- 9.22 米、マスキー法（大気汚染防止法案）可決
- 10.8 ソ連、ソルジェニーツインがノーベル文学賞（1974年ソ連追放）
- 10.24 チリ、人民連合サルバドル・アジェンデが大統領に当選
- 11.6 中国の国連加盟、56ヵ国承認（伊、中国と国交樹立）
- 11.17 ソ連、月面車ルノホート1号機が月着陸成功
- 12.3 中国、尖閣諸島は中国領と報道（新華社通信）
- 12.15 ソ連、宇宙探査機ベネラ7号が金星着陸成功（他の惑星着陸初）
- 12.5 韓国、南営号沈没、死者326人

日本の出来事

- 1.1 早川電気「シャープ」に社名変更
- 同 日本医師会、医療費値上げ問題で全国一斉休診実施（〜4日）
- 1.7 喜劇王・エノケン死去、65歳
- 1.14 第3次佐藤栄作内閣発足
- 2.11 日本初人工衛星「おおすみ」打上げ成功
- 3.14〜9.13 日本（大阪）万博開幕（テーマ「人類の進歩と調和」、参加国77ヵ国・13機関）
- 3.31 日本航空よど号ハイジャック事件（北朝鮮へ赤軍派亡命）
- 同 新日本製鉄発足（八幡・富士合併）
- 4.8 大阪市営地下鉄工事現場爆発事故（天六ガス爆発事故）、死者79人
- 5.11 植村直己・松浦輝夫、エベレスト登頂
- 5.12 瀬戸内シージャック事件（犯人射殺）
- 6.23 日米安全保障条約自動延長に対し、全国で安保反対運動（77万人参加）
- 7.14 日本の呼称「ニッポン」に閣議統一
- 8.2 歩行者天国実施初（銀座・新宿など）
- 8.19 全日空アカシア・ハイジャック事件
- 8.26 植村直己、北米最高峰マッキンリー単独初登頂（世界5大陸最高峰初登頂者に）
- 9.13 日本万博閉幕（入場者数6421万8770人）
- 10.1 第11回国勢調査（沖縄含む）※
- 同 国鉄「ディスカバー・ジャパン」キャンペーン開始
- 10.18 日本勧業・大森勧銀事件（未解決）
- 10.20 本田技研、軽自動車「Z」発売
- 11.21 ケンタッキー・フライドチキン日本第1号店、名古屋市に開店
- 11.25 三島由紀夫、市ヶ谷自衛隊総監部にて割腹自殺（三島事件）
- 11.29 初の公害メーデー、82万人参加

福島県の出来事

- 1.20 いわき市、日本古生物学会「フタバスズキリュウ」命名（1968年夏、久ノ浜で発見のクビナガリュウ恐竜化石）
- 1.30 会津高田町（現・会津美里町）の大沼高校で校内紛争
- 2.25 県交通安全協議会が毎月1日を「交通事故ゼロの日」と決め、4月より実施
- 4.1 福島中央テレビ（FCT）開局
- 4.8 国道13号線、信夫山トンネル開通
- 4.28 国道49号線、いわき〜郡山間開通
- 5.19 第21回全国植樹祭開催（磐梯山麓天鏡台で天皇皇后両陛下ご来県ご臨席）
- 6.1 ゴールドライン開通（有料道路）
- 7.5 大熊町、東京電力福島原子力発電所「原子の火」灯る
- 7.8 木村守江県知事、ソ連東欧及び欧州9ヵ国視察（沿岸貿易促進会議出席のため）
- 7.28 万博に二本松提灯祭参加
- 8.26 岩瀬農業高校、全国高校軟式野球大会で優勝
- 9.1 県文化センター開館（福島）
- 10.1 県人口194万6077人・世帯数45万9932戸に
- 11.9 磐梯町、カドミウム汚染
- 11.28 相馬港開港式
- 12.15 婦人交通巡視員、福島・郡山・いわき・若松に配置
- 12.28 田島・昭和村の駒止湿原が国の天然記念物に指定

【世相】※本土人口1億372万60人、沖縄人口94万5111人
○11月15日、沖縄で戦後初の国政選挙（沖縄復帰1972年5月15日）
ことば：「ウーマンリブ」「鼻血ブー」「ウハウハ」「わるのり」
歌：「圭子の夢は夜ひらく」「走れコウタロー」「知床旅情」、「今日でお別れ」（第12回レコード大賞受賞）
本：『冠婚葬祭入門』塩月弥栄子、『恐るべき公害』宮本憲一、『光と影』渡辺淳一
映画：「戦争と人間」「家族」／洋画：「イージー・ライダー」（米）、「抵抗の詩」（ユーゴスラビア）

1970 (昭和45年) 年齢　　歳

私の記録

1971 (昭和46年) 辛亥／かのとい

世界の出来事

1月	世界経済フォーラム・ダボス会議
1.2	英、グラスゴーサッカー観戦席崩壊、死者66人
1.15	エジプト、アスワンダム開通
2.5	米、アポロ14号が月着陸
2.8	南ベトナム軍、ラオス侵攻
同	ナスダックによる証券取引がはじまる
3.1	東パキスタン、独立運動
3.5	パキスタン軍、東パキスタンを占領
3.12	シリア、アサド大統領に
3.26	東パキスタンでアワミ同盟(行政権掌握)
4.1	米、たばこCM全面禁止に
4.5	伊、エトナ火山噴火
4.7	世界卓球選手権(日本)中国がアメリカ選手招待と発表(米中ピンポン外交)
4.17	東パキスタン「バングラデッシュ」としての独立宣言
4.19	ソ連、世界初宇宙ステーション・サリュート打上げ
6.30	ソ連、宇宙船ソユーズの空気漏れ事故、死者3人
7.9	米キッシンジャー補佐官、極秘中国訪問
8.14	バーレーン、英より独立
8.15	ニクソン・ショック
8.23	韓国、シルミド事件
9.8	中国、林彪クーデター失敗(13日搭乗機墜落し、林彪死亡)
10.12	イラン、建国2500年祭
10.25	中国、国連加盟決定により、中華民国追放
12.2	アラブ首長国連邦建国
同	ソ連、火星探査機着陸
12.3	第3次インド・パキスタン戦争はじまる

日本の出来事

1.20	日本・大阪万博記念タイムカプセル、大阪城天守閣前に埋葬(6970年に開封)
1.24	「ザ・タイガース」解散コンサート
同	横綱・大鵬、32回目の優勝(最後)
2.22	成田空港、第1次強制代執行開始
3.5	大阪刑務所内で印刷された大阪大学他の入試問題売買の事実が発覚
4.3	「仮面ライダー」(NETテレビ系)放送開始
4.16	昭和天皇皇后、広島原爆慰霊碑参拝
5.14	大久保清事件(女性8人殺害、死刑)
6.17	沖縄返還協定調印式
6.30	富山地裁、イタイイタイ病訴訟で原告勝訴
7.1	公害対策本部「環境庁」発足
7.3	東亜航空YS-11函館墜落、死者68人
7.11	北陸鉄道・道橋線全線廃止
7.20	マクドナルド、日本1号店銀座に
7.30	自衛隊機と全日空ボーイング727が岩手県雫石上空で空中衝突(旅客機乗員乗客全員162人死亡、自衛隊員生還)
7.31	石川県加賀市沖、不審船(北)事件
8.1	第13回世界ジャンボリー大会(富士宮市朝霧高原)台風来襲のため緊急避難
8.15	ニクソンショック(金本位制終息)
8.28	円変動相場制に移行
9.16	成田空港第2次強制執行、警官3人死亡(東峰十字路事件)
9.27~10.14	昭和天皇皇后、ヨーロッパ7ヵ国訪問
10.10	NHK総合テレビ、全放送カラー化
11.14	渋谷暴動事件(沖縄返還問題)
12.21	首都高速と東名高速道路が接続
12.23	吉展ちゃん誘拐犯、小原保死刑執行

福島県の出来事

1.6	常磐炭鉱閉鎖により解雇者4516人、5月の新会社による新雇用1100人を発表
3.11	県立須賀川高校で火災
3.26	大熊町、東京電力福島原子力発電所1号機運転開始(日本一の出力、46万キロワット)
3.26	猪苗代湖の白鳥、国の天然記念物に指定
4月	福交通、チンチン電車廃止
4.11	県議会選挙、自民38・社会12・民社4・共産1・公明1・無所属5
4.12	西会津町の清野善兵衛、南極観測隊長に選任
4.28	常磐炭鉱、88年歴史に幕
5.10	浩宮、修学旅行でスカイライン訪問
5.25	県赤十字血液センター完成、全国赤十字大会(福島)
8.12	県山岳連盟ヒマラヤ登山隊、コエ・バンダカー登頂
8.16	磐城高校、第53回全国高校野球大会で準優勝
8.29	国鉄只見線80年振り開通
9.6	福島第4中学校火災、15教室焼失
9.26	浜通り台風29号、床上浸水被害1200戸
10.25	国道49号線、いわき~新潟間が全線開通
11.16	県庁西庁舎落成(地上12階・地下2階)
11.19	会津駒ヶ岳など3山が国立公園に編入
12.1	尾瀬長蔵小屋の平野さん凍死、36歳

【世相】ことば:「ニアミス」「脱サラ」「ヘンシーン」「バンバラなくちゃー」「アンノン族」
歌:「わたしの城下町」「よこはま・たそがれ」「おふくろさん」「また逢う日まで」(第13回レコード大賞受賞)
本:『レイテ戦記』大岡昇平、『二十歳の原点』高野悦子、『日本人とユダヤ人』ベンダサン
映画:「ベニスに死す」

1971 (昭和46年) 年齢　　歳

私の記録

1972（昭和47年） 壬子／みずのえね

世界の出来事

- 1.1 国連事務総長ワルトハイム氏（オーストリア）に
- 1.7 スペイン、イベリア航空機がイビザ島墜落、死亡者104人
- 1.20 パキスタン、核兵器開発宣言
- 1.26 ユーゴスラビア航空機JAT爆破事件（テロ）
- 2.21 米ニクソン大統領、訪中（米大統領が訪中は史上初）
- 3.1 ローマクラブ、報告書『成長の限界』発表
- 3.2 米、木星探査機パイオニア10号打上げ
- 3.19 印・バングラデシュ友好条約締結
- 5.5 伊、アリタリア航空パレルモで衝突事故、死者115人
- 5.22 セイロンからスリランカに
- 5.26 米ソ、SALT 1に調印（両国のミサイル保有制限）
- 5.30 イスラエルのテルアビブ空港で日本赤軍小銃乱射事件、死者26人
- 6.5 国際連合人間環境会議
- 6.15 パセフィック航空爆破
- 6.17 ウォーターゲート事件
- 7.21 ブータン、ワンチユクが第4代国王として即位
- 8.26 ミュンヘン五輪開催（イスラエル選手村襲撃）
- 11.22 第2次SALT交渉
- 12.21 東西独国家承認
- 12.22 ニカラグア地震、M6.3

日本の出来事

- 1.24 グアム島で元日本兵の横井庄一発見
- 2.3〜13 札幌オリンピック開催
- 2.1 横井庄一氏、任務解除命令
- 2.19 連合赤軍によるあさま山荘事件（TV生中継、警察包囲下での立て籠りが9日間に及び長時間記録になる。警察官3人死亡。すでに妙義山中で8人をリンチ殺害し、全てで死者は12人となる。犯人全員逮捕）
- 2.24 山陽新幹線、世界最高速286キロ達成
- 3.26 高松塚古墳で極彩色壁画発見
- 4.1 札幌・川崎・福岡、政令指定都市に
- 4.4 外務省機密漏洩事件「西山事件」
- 4.16 川端康成、逗子市でガス自殺
- 5.13 大阪市の千日デパート火災、死者118人
- 5.15 沖縄返還（米から日本へ）、沖縄県に
- 6.11 田中角栄通産相「日本列島改造論」発表
- 6.14 日本航空機、ニューデリーで墜落、死者90人
- 6.17 佐藤栄作総理退陣表明（記者を排除し、テレビのみで会見）
- 6.27 最高裁、日照権が認められる判決
- 7.7 第1次田中角栄内閣発足
- 7.12 ハイセイコー、大井競馬場デビュー
- 7.15 本田技研「シビック」発売、富士重工「レックス」発売
- 7.21 『太陽にほえろ』（日本テレビ）放映開始
- 9.29 田中総理訪中、日中国交正常化声明
- 10.1 自動車初心者マーク制定
- 10.2 桜島噴火
- 10.4 東海林太郎死去、73歳
- 10.14 日本の鉄道開業100年
- 10.22 柳家金語楼死去、71歳（爆笑王）
- 10.28 上野動物園へジャイアントパンダのランラン・カンカン来園（中国）
- 11.6 北陸トンネル列車火災事故、死者30人

福島県の出来事

- 2.13 国際柔道大会（ソ連）開催、無差別級・遠藤純男優勝（郡山市出身）
- 2.19 県公害対策センター、いわき市に開所
- 3.7 自動たばこ販売機から模造100円硬貨62枚（福島他）
- 4.1 県消費生活センター設置
- 4.24 東北歯科大学開校（郡山）
- 4.25 木村守江知事再選（3選）
- 5.13 国鉄川俣線廃止、バスに
- 6.19 ハワイ・ホノルルで初の県物産観光展開催
- 7.15 天栄村に「湯本青少年旅行村」開設
- 7.26 霊山町に「霊山こども村」
- 9.9 ミュンヘン五輪、男子バレーボールが金メダル（相馬市出身・佐藤哲夫出場）
- 10.20 磐梯吾妻レークライン（県有料観光道路開通）
- 10.24 那須・甲子道路開通
- 10.27 県少年自然の家（郡山市）
- 10.27 明治百年記念県民の森（安達郡大玉村に落成）
- 11.3 秋の叙勲、木村守江氏が勲一等瑞宝章受章（県知事）
- 11.23 県内最古の本格ビル「福ビル」（1927年誕生）取り壊し完了
- 12.22 第2次田中内閣発足、厚生大臣に斎藤邦吉（福島県）

【世相】ことば：「恥ずかしながら」「三角大福」「総括」「恍惚」「あっしにはかかわりのねえことで」
歌：「瀬戸の花嫁」「せんせい」「女のみち」「喝采」（第14回レコード大賞受賞）
本：『隠された十字架』梅原猛、『恍惚の人』有吉佐和子、『手鎖心中』井上ひさし（直木賞）
映画：「忍ぶ川」「故郷」／洋画：「ゴッドファーザー」（米）、「キャバレー」（米）、「死刑台のメロディ」（伊）

1972 (昭和47年) 年齢　　歳

私の記録

1973 (昭和48年) 癸丑／みずのとうし

世界の出来事

1.1	欧州共同体（EC）に英・デンマーク・アイルランド加盟
1.17	フィリピン、新憲法発布
1.22	米最高裁「ロー対ウエイド事件」妊娠中絶規制法は違憲無効との判決
1.27	ベトナム、和平協定成立
3.29	ベトナムより米兵撤退完了
5.14	米、宇宙ステーション「スカイラブ1号」打上げ
6.3	パリ航空ショーでソ連超音速輸送機「Tu-144」が墜落
7.10	バハマ、英より独立
7.11	パリ・オルリ空港でブラジル航空820便墜落、死者124人
7.20	日本赤軍によるドバイ日航機ハイジャック事件
7.23	米、地球観測衛星「ランドサット1号」打上げ
8.23	スウェーデン、ストックホルムで銀行立て籠り事件発生（逮捕後、人質が警察に銃を向けるなどの行動をとっていたことが判明。以後、被害者が犯人に過度の共感や同情をよせる精神状態を「ストックホルム症候群」といわれることとなる）
9.11	チリ、クーデター発生
9.18	国連総会、東西両独の加盟承認
9.24	ポルトガルよりギニアビサウが独立宣言（1974年9月10日に独立承認）
10.14	タイ、クーデター（学生蜂起、血の日曜日事件）
10.23	国際石油資本（メジャー）が原油価格の大幅引上げを通告（オイルショックの先駆けとなる）
11.3	米NASAが「マリナー10号」打上げ
12.20	スペイン、ブランコ首相暗殺（バスク分離主義者）

日本の出来事

2.14	為替レートが1ドル＝308円固定から変動相場制移行、277円に
2.24	栃木県・足尾銅山、閉山
3.5	日本電信電話公社「新型青電話」に
3.13	国鉄、上尾事件（労組順法闘争）
3.20	熊本地方裁、水俣病はチッソ工場の廃液が原因であると認める判決
4.4	最高裁、尊属殺法定刑違憲事件（尊属殺、違憲判断・違憲判決）
4.12	祝日法改正（振替休日制導入）
4.24	首都圏国電暴動（乗客が労組の順法闘争に不満暴発、騒動へ）
4.30	作家の大佛次郎死去、75歳（『天皇の世紀』未完となる）
6.20	NHKホール落成（渋谷区神南）
6.23	自衛隊機乗り逃げ事件（未解決）
7.25	政府「資源エネルギー庁」発足
8.8	「金大中事件」発生（東京で拉致）
9.7	北海道夕張郡長沼町、長沼ナイキ基地建設訴訟で自衛隊に違憲判決
9.21	日越（ベトナム）国交樹立
10.4	筑波大学開学（東京教育大閉鎖）
10.5	公害健康被害補償法制定
10.6	第4次中東戦争（オイルショックで日本でトイレットペーパーの買い占めがおこる）
10.21	滋賀銀行女子行員9億円搾取事件
10.23	江崎玲於奈、ノーベル物理学賞に
11.25	「ノストラダムスの大予言」ブーム
同	第2次田中角栄改造内閣発足
11.29	熊本市の大洋デパート火災、死者103人
12.12	「三菱樹脂事件」最高裁判決

福島県の出来事

3.18	会津若松市に県営体育館
4.5	木村守江知事、訪米視察（原子力発電所）
4.20	福島市、あづま橋開通
4.27	がん研究所長・吉田富三博士（浅川町生まれ）死去、70歳
5.1	原町市中太田、装飾壁画横穴古墳発見（7世紀）
6.1	滝根町、あぶくま洞開設
6.14	全日本高校馬術選手権
7月	サイクリングロード阿武隈開設
7.1	観光有料道路・西吾妻スカイバレー開通
7.5	ゼビオ設立（サンスーツ）
8月	60年ぶり干ばつ（県内全域、農作物被害60億円、福島市では連続30日真夏日が続く）
8.1	西郷村、特別養護老人ホーム「太陽の国」1号開設
9.11	奥会津〜新潟（国道252号）開通（難所「六十里越」）
9.18	福島第2原子力発電所建設問題で初の公聴会（福島市）
9.27	日本美術院展開催（福島市）
11.26	東北縦貫自動車道路・白河〜郡山間開通
12.11	県立須賀川高校校舎で火災
12.17	会津地方豪雪、奥只見で積雪2メートル

【世相】○昨年から続き米の「ウォーターゲート事件」全米ゆるがす
ことば：「石油ショック」「省エネ」「じっと我慢の子であった」「ちょっとだけよ」
歌：「神田川」「危険なふたり」「あなた」、「夜空」（第15回レコード大賞受賞）
本：『日本沈没』小松左京、『ぐうたら人間学』遠藤周作、『櫂』宮尾登美子、『暗殺の年輪』藤沢周平（直木賞）
映画：「仁義なき戦い」「津軽じょんがら節」「日本沈没」／洋画：「ジョニーは戦場へ行った」「ジャッカルの日」

1973 (昭和48年) 年齢　　歳

私の記録

1974 (昭和49年) 甲寅／きのえとら

世界の出来事

- 1.15 西沙諸島（パラセル）戦（中国vsベトナム海域戦争）
- 2.4 米、パトリシア・ハースト誘拐事件（左翼SLA運動）
- 2.13 ソ連、ソルジェニーツィン（作家）を追放
- 3.5 英、ウイルソン労働党内閣成立
- 3.8 仏、ドゴール国際空港開港
- 4.2 ポンピドー仏大統領死去
- 4.8 米、ハンク・アーロン選手の累計ホームラン715本に（世界新記録）
- 4.21 中華民国（台湾）、空路断絶
- 4.22 パンナム、バリ島で墜落、死者107人のうち邦人は29人）
- 4.24 西独、ギヨーム事件（首相秘書が東独のスパイと発覚）
- 4.25 リスボンの春・カーネーション革命、独裁体制崩壊
- 5.6 西独ブラント首相、引責辞任
- 5.18 インド、初地下核実験
- 8.9 ニクソン辞任（WG事件）、米フォード副大統領が大統領に昇格
- 8.15 韓国、朴大統領狙撃事件（文世光が犯人、大統領夫人死亡）
- 9.10 ギニアビサウ、ポルトガルより独立（承認）
- 9.12 エチオピア、軍事革命（ハイレ・セラシエ1世皇帝を廃位、社会主義軍事主導型へ）
- 9.13 日本赤軍「ハーグ事件」
- 10.14 PLO・パレスチナ代表に（国連総会、アラファト演説）
- 11.16 アレシボ・メッセージ（球状星団M13地球外生命に向け電波によるMETI）
- 11.22 国連総会、パレスチナ民族自決権とPLOのオブザーバー資格を承認
- 12.13 マルタ、英連邦内共和国に

日本の出来事

- 1.15 長崎県、端島（軍艦島）炭鉱閉鎖
- 1.31 日本赤軍、シンガポールのロイヤル・シェル石油タンク爆破
- 2.21 朝日新聞マンガ『サザエさん』終了（1946年より連載、連載回数6477回）
- 3.10 ルバング島で小野田寛郎元少尉発見
- 3.12 小野田元少尉、フィリピンから帰国
- 3.31 名古屋市電、路面電車廃止（最初）
- 4.1 北九州市7区制（小倉・八幡区分）
- 4.6 第46回選抜高校野球、兵庫報徳高校が優勝（準優勝の徳島・池田高校は部員11人）
- 4.11 ガッツ石松、WBCライト級王座獲得
- 4.20 モナ・リザ展開催（東京国立博物館）
- 4.26 山形県大蔵村土砂崩れ、死者17人
- 5.9 伊豆半島沖地震、死者30人
- 5.15 セブンイレブン、東京江東1号店開店
- 5.24 経団連第4代会長に土光敏夫氏就任
- 5.28 カーペンターズ、3度目の来日
- 6.26 「国土庁」（国土総合開発）設置
- 7.7 「七夕豪雨」台風8号で全国に梅雨前線（静岡では死者27人、浸水24000戸）
- 8.28 日本広告審査機構（JARO）設立
- 同 ピアノ騒音殺人事件（平塚市）
- 8.30 三菱重工爆破事件（反日武装戦線）
- 9.1 「原子力船むつ」放射能漏れ事故
- 10.6 TVアニメ「宇宙戦艦ヤマト」放映開始
- 10.8 佐藤栄作前総理、ノーベル平和賞受賞決定
- 10.14 巨人・長嶋茂雄、後楽園球場で引退
- 11.1 気象庁「アメダス」運用開始
- 12.9 田中角栄総理辞任（金脈問題）
- 同 三木武夫内閣発足
- 12.18 三菱石油原油流出事故（海洋汚染）

福島県の出来事

- 1.11～16 石油・電力の第2次使用節減対策決定（閣議）、15％の消費節減と広告塔点灯禁止
- 1.23 常磐炭鉱・西部鉱業所、322人に人員整理通告
- 2.17 猪苗代で国民体育大会スキー開会、皇太子夫妻来県
- 3.7 三島町国道252線土砂崩れ、バス・乗用車へ直撃。死者8人
- 5.14 郡山駅前アーケード街で暴力団銃乱射、被疑者自殺
- 7.18 東京電力福島第1原発2号機営業運転（出力78万4000キロワット）
- 7.7 第10回参議院議員選挙、7議席差で保革伯仲に
- 7.24 参議院議員選挙違反で福島市議会議長が逮捕（12議員起訴、議会混乱）
- 8.4～10 郡山市制50周年記念のワンステップフェスティバル開催（郡山市開成山公園、日本初野外ロック、全国から大勢のヒッピー族が集まると予想され大騒ぎに）出演者は米よりオノ・ヨーコ、国内からは一流のロック・アーティストが40組、観衆のべ5万人
- 9.15 県・青年海外派遣事業初「若人の翼」、101人が西独へ
- 10.1 小熊正二（郡山出身）が、ボクシングWBCフライ級初王座に
- 10.30 SL（蒸気機関車）会津只見・日中線、最後の運転
- 11.9 県俳句作家懇話会発足
- 12.14 尾瀬分水問題が再燃、県議会絶対反対の意見書

【世相】〇この年、母親による嬰児殺し多発　〇消費者物価24.5％上昇
ことば：「狂乱物価」「便乗値上げ」「金脈」「青天のへきれき」「超能力」「念力」
歌：「なみだの操」「くちなしの花」「ひと夏の経験」、「襟裳岬」（第16回レコード大賞受賞）
本：『かもめのジョナサン』バック、『中原中也』大岡昇平、『鬼の歌』藤本義一（直木賞）、『雨やどり』半村良（直木賞）
映画：「華麗なる一族」「砂の器」「ねむの木の詩」／洋画：「ダラスの熱い日」（米）、「エクソシスト」（米）、「アメリカの夜」（仏）

1974 (昭和49年) 年齢　　歳

私の記録

1975 (昭和50年) 乙卯／きのとう　紀元（皇紀）2633年

世界の出来事

- 2.11 英、サッチャーが保守党首に
- 4.4 米、マイクロソフト社設立（ビル・ゲイツら）
- 4.30 サイゴン陥落・解放（ベトナム戦争の終結）
- 6.9 フィリピン・マルコス大統領、中国と国交を結び台湾を中国の一部と認める
- 7.12 西アフリカ・サントメ島、ポルトガルから独立
- 7.17 ソ連宇宙船「ソユーズ19号」が米の「アポロ18号」とドッキング（史上初国際宇宙接合）
- 8.4 日本赤軍、クアラルンプール事件（米のスウェーデン大使館占拠、超法規的処置で対応）
- 8.15 バングラデシュ、クーデター（エルシャド中将）、ラフマン大統領を暗殺
- 11月 スペイン、王政復古（フランコ独裁政権に幕）
- 11.15 第1回先進国首脳会議「ランブイエ・サミット」（仏のランブイエで開催、仏・米・英・西独・日・伊の各首脳が参加。1976年にはカナダ加わりG7に）

日本の出来事

- 1.1 長野、青木湖バス転落事故、死者24人
- 2月 不況完全失業者100万人突破
- 3.10 山陽新幹線、岡山～博多間開業
- 3.24 集団就職列車の運行終了（上野駅）
- 4.5 「ザ・ピーナッツさよなら公演」（NHKホール）
- 4.30 最高裁、史上2番目の違憲判決「薬事法薬局距離制限規定違憲事件」
- 5.7 エリザベス2世夫妻、初の来日
- 5.16 エベレスト、世界初女子登頂（田部井淳子・福島県三春町出身）
- 6.3 佐藤栄作元総理死去、74歳
- 7.19 沖縄国際海洋博覧会開幕
- 8.2～3 静岡県掛川市・ヤマハリゾートで大規模野外オールナイトライブ「吉田拓郎かぐや姫コンサートつま恋」開催（7万人来場）
- 8.15 三木総理、現職総理として初めて靖国参拝（「私人」として参拝）
- 9.1 電信電話公社、プッシュ式公衆電話設置
- 9.2 松生丸事件（北朝鮮軍銃撃、死者2人）
- 9.13 世界的版画家・棟方志功死去、72歳
- 9.30 昭和天皇皇后、史上初アメリカ訪問
- 10.1 東日本放送（NET系）民放4局開局完了
- 11.25 奥羽本線、全線電化完了
- 11.26 国鉄スト権、スト実施（12月4日まで）
- 12.10 三億円事件（1968年）時効
- 12.14 成立国鉄最後の蒸気機関車旅客走行（室蘭本線、室蘭～岩見沢駅間）
- 12.20 日本共産党、創価学会批判
- 12.24 赤字国債2兆2900億発行の財政特例法案、参議院本会議で可決（企業倒産が1万2606件、過去最高に）

福島県の出来事

- 1.9 いわき市立休日夜間急病診療所開設（休日夜間対応可能な診療所としては東北初）
- 1.13 中通り・会津に大雪、奥只見は積雪3.55メートル
- 2.13 棚倉町、水郡線踏切でバス列車と衝突、死傷者10人
- 2.21 東北本線、大雪により全面運休
- 3.13 いわき市、吉野せい随筆『洟をたらした神々』が大宅壮一・田村淑子賞受賞
- 4.1 東北縦貫自動車道、郡山～白石間開通（首都圏まで）
- 5.23 木村知事、全国知事会長に
- 6.9 県北地方に降ヒョウ被害（葉タバコ・その他で被害総額20億円）
- 7.14 東北新幹線、福島トンネル貫通（8090メートル、県内最長）
- 8.1 県立新地高校で火災、15教室全焼
- 8.20 大熊町、県原子力センター開設
- 10.1 県人口197万616人に、世帯数50万2786戸（専業農家1万6692戸、兼業農家13万6325戸）
- 10.23 第9回世界柔道大会（ウィーン）の重量級で遠藤純男（郡山出身）が優勝（世界一に）
- 11.4 英文学者・斎藤勇氏（梁川町）東京大名誉教授が文化功労者に選ばれる

【世相】ことば：「赤ヘル軍団」「乱塾」「私つくる人・ボク食べるひと」など
歌：「港のヨーコ・ヨコハマ・ヨコスカ」「昭和枯れすすき」「シクラメンのかほり」（第17回レコード大賞受賞）
本：『複合汚染』有吉佐和子、『火宅の人』壇一雄、『一休』水上勉、『復讐するは我にあり』佐木隆三（直木賞）
映画：「青春の門」「金環食」／洋画：「エマニエル夫人」（仏）など

1975 (昭和50年) 年齢　　歳

私の記録

1976 (昭和51年) 丙辰／ひのえたつ

世界の出来事

1.8	中国、周恩来死去、78歳
1.21	コンコルド定期運航開始
2.4	オーストリア、第12回インスブルック冬季五輪
2.6	米、ロッキード事件発覚
3.1	韓国、金大中ら朴政権批判
4.1	米、アップルコンピュータ設立
4.5	中国、天安門事件（第1次、献花撤去に民衆怒る）
4.25	ベトナム、統一選挙実施
同	パンアメリカン航空、東京～NY直行便開始
6.16	南アフリカ、ソウェト蜂起（対アパルトヘイト運動の発端に）
7.2	ベトナム、社会主義共和国成立
7.4	米独立宣言200年
7.17	カナダ、モントリオール五輪開催（膨大な赤字に、以後商業化傾向に）
7.28	中国、唐山地震（史上最大規模直下型地震）M7.5、死者25万人（米国調査隊発表では65.5万人）
8.26	エボラ出血熱、世界初の患者がコンゴ民主共和国で発生（これまで感染者は約2万人、死者2917人）
9.9	中国、毛沢東死去、82歳
11.2	米、大統領選でカーター（民主党）が現職フォード（共和党）を破り初当選

日本の出来事

1.5	平安神宮放火事件（新左翼テロ）
1.25	郵便料金、はがき20円・封書50円に
1.31	鹿児島市、国内初5つ子誕生
2.2	「徹子の部屋」（テレビ朝日）放送開始
2.24	東京地検、ロッキード事件強制捜査
3.1	後楽園球場に日本初人工芝、登場
3.2	北海道庁爆破事件、死者2人
3.23	児玉誉士夫（ロッキード事件関係者）邸にセスナ機が突入した自爆テロ事件、操縦士の前野光保（俳優・29歳）は死亡
4月	学校給食に米飯導入
4.1	シチズン、世界初デジタル腕時計発売
5.4	熊本地方検察庁、チッソ元社長ら業務上過失致死傷罪で起訴
5.8	植村直己、北極圏犬ぞり走破成功
6.22	ロッキード事件、丸紅の大久保前専務逮捕
6.25	新自由クラブ結成（河野洋平ら）
7.8	ロッキード事件、全日空の若狭社長逮捕
7.27	ロッキード事件、田中前総理を逮捕
7.30	足尾銅山鉱毒事件、群馬県・栃木県・桐生市・太田市と古河鉱業が防止協定締結
8.20	東海道新幹線こだま、禁煙車登場
9.6	ベレンコ中尉亡命事件（ソ連ミグ25戦闘機、函館着陸後に米へ亡命）
9.12	台風17号、長良川決壊、岐阜被害（死者・行方不明者9人、被災は74市町村に及ぶ）
9.15	三木武夫改造内閣発足
10.11	巨人・王貞治が715本塁打（ベーブ・ルースを抜く）
10.24	日本初F1グランプリ開催（富士）
10.29	酒田大火、1774戸、22.5ヘクタール焼失
11.10	昭和天皇在位50年式典
12.5	第34回衆議院選（自民党過半数割）
12.24	福田赳夫内閣発足

福島県の出来事

1月	インフルエンザ大流行（県児童生徒6万3000人が感染）
1.22	天栄村、水道工事汚職事件（前村長ら逮捕）
4.18	県知事選、木村守江氏4選
6.1	福島信用金庫国見支店の女子職員5人、残業帰り交通事故死
6.8	県政汚職事件、副知事逮捕
7.5	県農協五連会長ら知事選挙違反で逮捕
7.16	世界青少年音楽祭（コペンハーゲン）で日本代表の福島西女子高校合唱団が1位受賞
7.17	第21回モントリオール五輪、柔道重量級で遠藤純男（郡山市出身）が銅メダル獲得
8.6	県政汚職事件（木村守江知事が収賄容疑で逮捕）
9.1	観光有料道路、母成グリーンライン開通
9.15	三木改造内閣、国務大臣に天野光晴（福島出身）就任
9.19	県知事選施行、第57代県知事に松平勇雄氏当選
9.27	県「冷害対策本部」設置（7月から異常低温・多雨で稲作戦後2番目の不作）
10.9	常磐炭鉱、93年の歴史閉じる（西部鉱業所、最後の閉山式）
11.3	立県100年記念式典

【世相】○この年、戦後生まれ総人口の半数を超える。　○ジョギングブーム、サーフィンが人気　（『福島民報百二十年史』より）
ことば：「灰色高官」「ピーナッツ」「記憶にございません」「はしゃぎすぎ」
歌：「およげ！たいやきくん」「岸壁の母」、「北の宿から」（第18回レコード大賞受賞）
本：『翔ぶが如く』司馬遼太郎、『戦中と戦後の間』丸山真男、『限りなく透明に近いブルー』村上龍（芥川賞）、『子育てごっこ』三好京三（直木賞）
映画：「はだしのゲン」「犬神家の一族」「愛のコリーダ」「不毛地帯」

1976 (昭和51年) 年齢　　歳

私の記録

1977 (昭和52年) 丁巳／ひのとみ

世界の出来事

- 1.1 ＥＣ、200海里水域宣言
- 1.18 オーストラリア、グランヴィル鉄道事故、死者83人の大惨事に
- 1.20 米、カーター大統領就任
- 2.9 ソ連、スペインと国交回復
- 2.10 日米漁業協定調印（200海里経済水域規定）
- 3.1 米ソ、200海里漁業専管水域を実施
- 3.27 カナリア諸島でジャンボ機同士（パンナム・ＫＬＭ）衝突事故、死者583人
- 4.21 米、ミュージカル「アニー」初演（ブロードウェイ）
- 5.7 第3回サミット（ロンドン）
- 6.30 東南アジア条約機構解散
- 7.13 ニューヨーク大停電（3日間900万人影響、落雷が原因）
- 9.5 米、「ボイジャー1号」打上げ（人類初太陽圏外へ、現在も飛行中）
- 10.7 ソ連、社会主義共和国連邦憲法の改正
- 10.13 ルフトハンザ航空ハイジャック事件（独赤軍）
- 11.19 エジプトのサダト大統領、アラブ諸国の元首として初のイスラエル訪問
- 同 ポルトガル航空墜落事故、死者131人（豪雨中着陸が原因）
- 12.4 中央アフリカ共和国、ボカサ終身大統領戴冠式
- 12.25 チャップリン死去、88歳

日本の出来事

- 1.4 青酸コーラ無差別殺人事件（未解決、東京・大阪で6件、チョコレートも）
- 2.17 水戸地裁、百里基地訴訟で自衛隊を合憲と判断
- 同 沖縄の久米島でみぞれ観測（日本の降雪の南限記録）
- 3.15 保母資格、女性のみから男性も取得可能に
- 3.17 724便・817便ハイジャック事件（724便・乗客取り押さえ、817便・被疑者自殺、いずれも全日空、行き先仙台）
- 4.28 山梨県立美術館、ミレー「種まく人」など3点購入（3億1500万円）話題に
- 5.2 大学入試センター発足（適正試験を目的に）
- 6.15 和歌山県有田市で集団コレラ発生
- 7.13 津地鎮祭訴訟、最高裁判決「目的効果基準」採用（政教分離論争）
- 7.14 静止気象衛星「ひまわり」打上げ成功
- 7.17 キャンディーズ解散、普通の女子に
- 7.31 第1回全国高校総合文化祭（千葉県で開催、以後各県持ち回りに、演劇・音楽・美術囲碁将棋・弁論・競技かるた・新聞・自然科学など19部門）
- 8.7 北海道 有珠山噴火（1978年10月27日まで）
- 9.5 王貞治選手、第1回国民栄誉賞に
- 9.9 台風9号、沖永良部島を直撃、最低気圧907.3ヘクトパスカルを記録
- 9.28 日本赤軍、ダッカ日航機ハイジャック事件（「一人の生命は地球より重い」福田総理・超法規処置、600万USドルの支払い及び獄中メンバーの引き渡し）
- 11.28 福田越夫改造内閣発足

福島県の出来事

- 1.14 棚倉町、本県初女性町長誕生（棚倉町・藤田満寿恵氏）
- 2.14 米ソ200海里漁業専管水域設定宣言で対策本部設置
- 3.4 財界重鎮・前東京電力会長の木川田一隆（梁川町出身）死去、77歳（原発推進背景）
- 4.1 県立郡山高校新設
- 4.2 郡山市長の秀瀬日吉氏退職（在任5期18年は県内最長記録）
- 4.17 郡山市長・高橋堯に、白河市長・今井英二に
- 6.15 「文化を考える県民会議」発足、初会合
- 7.14 第51回日教組大会（福島）
- 7.19 代議士・湊徹郎急死、57歳
- 7.23 松平知事、ブラジル県人会創立80周年・野口英世医学研究所起工式出席の為、北南米およびガーナ歴訪
- 7.29 福島地検、前知事木村守江に実刑判決
- 8.1 常磐パノラマライン開通
- 9.12 福島原子力懇談会が発足
- 9.19 台風11号直撃（被害総額97億円）
- 11.7 会津絵ろうそく名工・星栄作氏、現代の名工に
- 11.20 ＦＭＣ混声合唱団が全日本合唱コンクールで2年連続8度目の金賞に輝く
- 11.30 不況倒産、1000万円以上の負債の企業数175件
- 12.18 東山温泉火災、死者5人
- 12.23 いわき市、「吉野せい文学賞」を制定

【世相】ことば：「翔んでる」「よっしゃよっしゃ」「普通の女の子にもどりたい」「ルーツ」「たたりじゃー」
歌：「津軽海峡冬景色」「北国の春」「昔の名前で出ています」「勝手にしやがれ」（第19回レコード大賞受賞）
本：『人間の証明』森村誠一、『八甲田山死の彷徨』新田次郎、『ルーツ』ヘイリー、『エーゲ海に捧ぐ』池田満寿夫（芥川賞）、『蛍川』宮本輝、『僕って何』三田誠広
映画：「宇宙戦艦ヤマト」「幸福の黄色いハンカチ」「竹山ひとり旅」／洋画：「ロッキー」

1977 (昭和52年) 年齢　　歳

私の記録

1978 (昭和53年) 戊午／つちのえうま

世界の出来事

- 1.24 ソ連の原子炉軍事衛星カナダに墜落（国際問題に）
- 2.26 中国の華国鋒主席、社会主義近代化の強国指針
- 3.16 伊前モロ首相、誘拐・射殺
- 4.20 大韓航空機、ソ連領空侵犯。銃撃されルムマンスクに不時着、死者2人・負傷者13人
- 5.17 エルサルバドル、邦人の松本不二雄氏誘拐殺害
- 5.23 第1回国連軍縮特別総会、非同盟85ヵ国が核大国を批判
- 6.1 第11回FIFAワールドカップ開催（アルゼンチン）
- 7.13 第3回アフリカ競技大会開催（アルジェ、IOC公認）
- 7.25 英、体外受精児誕生、世界初「試験管ベビー」
- 10.16 第265代ローマ法王にヨハネ・パウロ2世選出（ポーランド人）
- 10.27 エジプトのサダト大統領とイスラエルのベギン首相がノーベル平和賞受賞
- 11.3 ドミニカ国、英より独立
- 11.18 ガイアナ、新興宗教「人民寺院」集団自殺、死者914人
- 12.15 米中国交正常化発表

日本の出来事

- 1.3 円の対ドル相場1ドル＝238円に（年末には1ドル＝195円高値に）
- 1.10 総理府、初の婦人白書発表（女性労働人口が全体の37.4％）
- 1.14 伊豆大島近海地震、M7.0、死亡者25人
- 2.14 円相場高騰関連中小企業対策臨時処置法公布
- 3.1 社会党初の委員長公選、飛鳥田一雄選出
- 4.6 池袋に超高層ビル「サンシャイン60」完成
- 4.18 石油税法公布（エネルギー対策）
- 5.20 福岡県大渇水、以後287日間水制限
- 同 新東京国際空港（成田）開港
- 5.31 西山事件（沖縄復帰機密漏洩）、最高裁判所が被告人上告棄却、有罪に
- 6.12 宮城沖地震、M7.5（東京震度4）、死者27人・負傷者1万人
- 7.5 農林水産省発足（農林省改称）
- 7.30 沖縄県交通ルール、本土と同じに
- 8.12 日中平和友好条約調印（福田）
- 8.26 「愛は地球を救う」（日本テレビ）放送開始
- 8.30 巨人・王選手、本塁打800本達成
- 9.30 路面電車、京都市電全線廃止（初）
- 10.16 青木功、世界マッチプレー初優勝
- 10.22 中国副首相・鄧小平来日
- 11.21 プロ野球「空白の一日」（江川問題）
- 11.23 AMラジオ、周波数10kcから9kHz
- 12.7 第1次大平正芳内閣発足（アーウー）
- 12.28 俳優・田宮二郎猟銃自殺

福島県の出来事

- 2.3 県内5日連続大雪（奥只見で積雪4メートル、只見線運休、国鉄マヒ）
- 2.20 東日本地震（小名浜で震度4）
- 同 小名浜合板倒産、負債110億円
- 2.24 大熊町、東京電力福島第1原子力発電所4号機運転開始（出力78万キロワット）
- 3.22 県青少年健全育成条例制定
- 5.21 「国立那須甲子少年自然の家」西郷村に正式開所
- 6.9 松平勇雄知事、第2回ハワイ福島観光物産展へ出席
- 6.12 宮城県沖地震（福島震度5）、死者1人、被害額24億円
- 6.18 福島市民マラソン、日射病で死者2人、48人が倒れる
- 7.26 県文化振興会議発足
- 8.1 全国高校体育大会（福島）開催、皇太子夫妻（今上天皇）臨席
- 8.16 福島信金吉井田支店にゴリラ仮面の強盗が入り153万円を強奪
- 8.30 福島市、真夏日が通算63日に
- 9.6 福島競馬場、開場60周年
- 9.15 県立福島高校創立80周年
- 11.22 郡山市、大東相互銀行深沢支店に2人組ピストル強盗が入り1700万円を強奪して逃走
- 12.13 県内電話、全局自動化

【世相】ことば：「窓際族」「熱帯夜」「足切り」「なーんちゃって」「不確実性の時代」「アーウー」
歌：「与作」「青葉城恋歌」「夢追い酒」「UFO」（第20回レコード大賞受賞）
本：『不確実性の時代』ガルブレイス、『夕暮れまで』吉行淳之介、『オーバー』開高健、『一弦の琴』宮尾登美子
映画：「キタキツネ物語」「曾根崎心中」／洋画：「未知との遭遇」「スター・ウォーズ」（米）、「家族の肖像」（伊・仏）

1978 (昭和53年) 年齢　　歳

私の記録

1979 (昭和54年) 己未／つちのとひつじ

世界の出来事

- 1.1 米・中国、国交樹立
- 1.16 イラン、レザー国王亡命
- 1.28 鄧小平訪米、カーター大統領と対談後各産業視察
- 1.30 ヴァリグ・ブラジル航空、日本近海遭難事故（不明）
- 2.1 イラン革命、ホメイニ師帰国
- 2.17 中越戦争、カンボジアのポルポト政権崩壊後処理（第3次インドシナ戦争）
- 3.16 中国軍、ベトナムから撤退完了
- 3.26 エジプト・イスラエル平和条約調印（ワシントン）
- 3.28 米、スリーマイル島原子力発電所、放射能漏事故
- 5.4 英、保守党サッチャー政権に（先進国初女性首相）
- 6.7 欧州議会議員選挙実施
- 6.18 米ソ首脳会談（ウィーン）、SALT第2次戦略兵器制限条約調印
- 7.12 南太平洋・キリバス独立
- 7.16 イラク、フセイン大統領就任
- 9.20 中央アフリカ帝国崩壊
- 10.26 天然痘根絶（WHO宣言）
- 同 韓国、朴大統領暗殺
- 11.4 イラン、米大使館人質事件（元国王が米に入国したのが原因）
- 12.12 韓国、全斗煥が実権掌握
- 12.14 ソ連、アフガン侵攻

日本の出来事

- 1.13 初の国公立大学共通1次試験実施
- 1.17 第2次石油危機（イラン革命）
- 1.20 奈良市、茶畑から『古事記』編纂者「太安万侶」の墓誌出土
- 1.25 上越新幹線の大清水トンネル貫通（2万2228メートル、当時世界最長）
- 1.26 大阪市住吉、三菱銀行人質猟銃事件（銀行員2人・警官2人死亡、犯人も）
- 2.1 グラマン疑惑、日商岩井の常務自殺
- 2.11 福岡市内、路面電車全廃
- 4.2 人気アニメ「ドラえもん」放送開始
- 5.12 本州四国連絡・第1号大三島橋開通
- 6.28 第5回先進国首脳会議（東京サミット、大平議長、8ヵ国参加）
- 7.1 ソニー「ウォークマン」発売
- 7.11 日本坂トンネル火災事故（東名高速道下り車線、死者7人）
- 8.3 千葉県君津市の神野寺飼育の虎2頭逃走（パニックに、27日間山狩りの末射殺）
- 9.3 落語名人・三遊亭圓生死去、79歳
- 9.4 上野動物園、パンダのランラン死亡
- 10.7 40日抗争（自民党内派閥抗争）
- 10.16 琵琶湖浄化、合成洗剤使用禁止に
- 10.28 木曽御嶽山、有史以来初めて噴火
- 11.9 第2次大平正芳内閣発足
- 11.18 第1回東京国際女子マラソン開催
- 12.3 電電公社、自動車電話サービス開始
- 12.12 国鉄、リニアモーターカー実験（宮崎実験線で時速504キロ達成、世界初）

福島県の出来事

- 3.5 東邦銀行集金車盗難事件「Nマート事件」、被害額1900万円
- 4.10 県農業経営大学校開校（矢吹町）
- 4.13 東邦銀行郡山卸町支店に猟銃強盗、1100万円を強奪し逃走
- 4.27 県青少年会館落成（立県100年記念事業）
- 5.29 財団法人県文化振興基金設立（25団体に助成金交付）
- 7.28 白河山岳会、パキスタンのゴーカル山を登山中、氷河で雪崩遭遇、死亡者6人
- 8月 安積商業高校、甲子園初出場
- 10.1 猪苗代湖畔にファン・ドールン記念碑建立、除幕式
- 10.24 東京電力福島第1原発6号機営業運転（全機完成）
- 11.3 秋の叙勲、八田貞義氏に勲1等瑞宝章
- 11.5 愛知県がんセンター総長・高橋信次（二本松市出身）が文化功労者に
- 11.9 第2次大平内閣・官房長官伊東正義（会津出身）氏に
- 11.27 FMC混成合唱団、第1回サントリー地域文化賞受賞
- 12.9 第11回世界柔道選手権（パリ）無差別級で遠藤純男（郡山市出身）が優勝

【世相】○インベーダーゲーム流行　○電子レンジ普及率30％を越す
ことば：「うさぎ小屋」「ワンパターン」「ギャル」「ダサい」「エガワる」「省エネ」「口裂け女」
歌：「北国の春」「おもいで酒」「関白宣言」、「魅せられて」（第21回レコード大賞受賞）
本：『血族』山口瞳、『街並みの美学』芦原義信、『愚者の夜』青野聰（芥川賞）、『ナポレオン狂』阿刀田高（直木賞）
映画：「復讐するは我にあり」「あゝ野麦峠」「銀河鉄道999」「月山」
テレビ：「ドラえもん」「がんばれ！タブチくん！」

1979 (昭和54年) 年齢　　歳

私の記録

1980 (昭和55年) 庚申／かのえさる

世界の出来事

- 1.5 米、パーソナルコンピューター発表（ヒューレット・パッカード社）
- 1.26 エジプト、イスラエル国交樹立
- 4.17 中国、IMFに加盟
- 4.18 ジンバブエ、英より独立
- 4.23 イラン人質事件（米軍、救出作戦に失敗）
- 5.8 世界保健機関（WHO）、天然痘根絶宣言（正式発表）
- 5.18 韓国、光州民主化事件
- 同 米、セント・ヘレンズ山大噴火、死者57人（山崩壊）
- 7.19 モスクワ五輪開幕（日本・米など67ヵ国不参加、冷戦下ソ連アフガン侵攻などが原因）
- 7.30 南太平洋、バヌアツ独立（英・仏共同統治から）
- 8.14 ポーランド民主化運動（造船所労働者のスト）
- 9.12 トルコでクーデター（1983年民政移管される）
- 9.17～22 ポーランド、独立自主管理労働組合（連帯）が結成（委員長・ワレサ）
- 9.22 イラン・イラク戦争勃発
- 9.26 独のミュンヘンで爆弾テロ（極右青年単独犯、死者13人）
- 10.10 アルジェリア大地震
- 11.4 米、レーガン大統領当選（1981年1月20日就任）
- 12.8 米、ジョン・レノン銃殺される

日本の出来事

- 1.7 サンケイ新聞「アベック3組謎の蒸発、外国諜報機関関与か？」と初めて拉致事件を報道
- 1.31 三重県、熊野一族7人殺人事件
- 2.21 前衛舞踊家・花柳幻舟、家元襲撃事件
- 3.14 第1回全国規模ホワイトデー開催
- 4.3 冷泉家、藤原定家『明月記』初公開
- 4.25 1億円拾得事件（11月9日拾い主に）
- 5.23 黒澤明「影武者」カンヌ国際映画祭でグランプリに
- 6.12 大平正芳総理急死、70歳、内閣総辞職
- 6.22 初の衆参同時選挙（衆・総選挙、参・通常選挙）
- 7.17 鈴木善幸内閣成立
- 7.25 ルービックキューブ、日本発売
- 8.14 富士山大規模落石事故、死者12人
- 8.16 静岡駅地下街爆発事故、死者15人
- 9.20 落語家・林家三平死去、54歳
- 10.1 国鉄、東海道新幹線、東京～博多間6時間40分に（山陽新幹線・増発）
- 10.12 王貞治、対ヤクルト戦で最後のホームラン868本目
- 10.21 長嶋監督退任
- 11.20 川治プリンスホテル火災、死者45人
- 11.29 川崎市、金属バット両親殺害事件（優秀な家族の次男20歳予備校生が犯人）
- 12月 名古屋女子大生誘拐殺人事件（犯人は1995年12月に死刑執行）
- 12月～翌3月 五六豪雪、死者133人・行方不明者19人、住家全半壊470戸、負傷者2158人

福島県の出来事

- 1.10 柔道の遠藤純男（郡山市）にスポーツ功労賞授与
- 2.14 東京電力、福島第2原子力発電所3・4号機増設で公開ヒアリング（福島市で開催）
- 3.21 大東銀行強盗犯、山形で逮捕
- 3.29 第2回世界アマチュア囲碁選手権で今村文明（鹿島町）初優勝
- 4.18 東京電力広野火力発電所1号機営業運転開始
- 4.28 新県立美術館・図書館建設地が福島大学経済学部跡地に決定
- 5.18 ボクシング世界フライ級で大熊正二（郡山市出身）が王座奪回
- 6.12 大平総理急死の為、総理臨時代理に官房長官・伊東正義（会津若松市出身）が就任
- 7.17 鈴木内閣に本県から外務大臣・伊東正義、厚生大臣・斎藤邦吉、農林水産大臣・亀岡高夫就任
- 8.5 戦後最悪の冷害被害額（661億円）、天災融資法・激甚災害法適用
- 8.31 県知事選、第58代知事松平勇雄が再選
- 9.22 野岩線、第3セクターに
- 10.1 県人口203万5272人に、世帯数55万442戸
- 11.20 県庁相談室「医療110番」設置

【世相】○第13回国勢調査で人口1億2706万396人に
ことば：「それなりに」「タケノコ族」「ぼけ老人」「カラスの勝手でしょ」「ナウい」「校内暴力」
歌：「ダンシング・オールナイト」「風は秋色」「異邦人」「贈る言葉」「別れても好きな人」「恋人よ」「昴」、「雨の慕情」（第22回レコード大賞受賞）
本：『蒼い時』山口百恵、『項羽と劉邦』司馬遼太郎、『第三の波』トフラー、『花の名前』向田邦子（直木賞）
映画：「影武者」「ヤマトよ永遠に」／洋画：「地獄の黙示録」「クレイマー・クレイマー」「ツィゴイネルワイゼン」

1980 (昭和55年) 年齢　　歳

私の記録

1981 (昭和56年)

辛酉／かのととり　　紀元（皇紀）2639 年

世界の出来事

1.1	欧州共同体（EC）にギリシャ加盟
同	パラオ、自治領に
1.20	イラン、米兵52人釈放
同	米、レーガンが大統領就任
1.25	中国、江青一派死刑判決
2.28	米、レーガノミクス発表（景気刺激策「双子の赤字」）
3.29	第1回ロンドンマラソン
3.30	レーガン狙撃・暗殺未遂（ワシントンDC、精神異常者による犯行）
4.12	米、スペースシャトル「コロンビア」打上げ
5.10	仏、ミッテラン大統領に当選（21日就任）
5.26	アラブ首長国連邦・オマーン・カタール等6ヵ国が「湾岸協力会議」設立（リヤド）
6.7	イラク原子炉爆撃事件（イスラエル）
6.29	中国、6中前党大会で文化大革命完全否定決議
7.20	第7回サミット（オタワ）
7.29	英、ダイアナ妃結婚式
8.25	南アフリカ共和国軍、アンゴラ侵攻（石油ダイヤ）
9.18	仏、死刑廃止に
9.21	ベリーズ（中央米）独立
10.6	エジプト、サダト大領領暗殺（14日にムバラク大統領就任）
12.11	エルサルバドル、戒厳令。市民900人が軍隊により殺害

日本の出来事

1.15	「三五豪雪」前年より被害続く（降雪3月まで、西・北日本に）
2.5	神戸市、新交通システム「ニュウトラム」営業開始
2.15	日本劇場閉館（48年の歴史に幕）
2.23	教皇ヨハネ・パウロ2世来日
3.2	中国残留孤児初来日（厚生省が中心となり、残留孤児総数2700人・家族1万1000人）
3.16	第2次臨時行政調査会初会合（会長・土光敏夫）
3.20	神戸市、ポートピア'81が開幕（アイランド博覧会）
4.18	日本原電、敦賀発電所で放射能漏事故（101人の被爆が明らかに、当初未報告）
6.26	秋田空港開港
8.5	男鹿脇本事件（北朝鮮工作員逮捕）
8.22	作家・向田邦子、遠東航空墜落事故で死亡
9.8	湯川秀樹氏死去、74歳（中性子論）
10.1	内閣「常用漢字表」告示
10.10	富士宮市、大石寺・日蓮大聖人700年遠忌大法要が執行（生没年・1222〜82年）
10.16	北炭夕張新炭鉱ガス突出事故（不明者未確認のまま注水、死者93人）
10.19	福井謙一、ノーベル賞化学賞受賞決定
10.29	宮崎自動車道、全線開通
11.13	沖縄本島でヤンバルクイナ発見（絶滅危惧種・国の天然記念物）
11.30	鈴木善幸改造内閣発足
12.26	大坂空港訴訟、最高裁大法廷判決（大阪国際空港〈伊丹空港〉付近住民が騒音被害、夜間使用差し止め訴訟。判決は「1.国営空港は国の航空行政権があり民事訴訟の対象にならない、2.過去の損害は国家賠償法を適用」となる）

福島県の出来事

1.14	県、雪害により農家子弟の県立高校授業料免除
1.16	仙台国税局、県地価上昇率10.6％に（昭和50年代に10％超えは初）
2月	1980年来大雪で森林・農作物被害446億円。49市町村に激甚災害法適用
4.1	「県会津少年自然の家」会津坂下町に開所
4.18	下郷町大内宿が国の重要伝統的建造物群保存地区に指定
4.29	郡山市、小山田小4年女子行方不明（5月19日遺体発見）
5.6	日本女子登山隊・田部井淳子らが中国のシシャパンマ峰（8012メートル）登頂に成功
5.16	外相・伊東正義「日米共同声明」後、辞任発表
5.17	ソ連宇宙飛行士テレシコワ女史ら来県、農婦交流
5.26	福島大学新キャンパス完成、松川町に統合学舎
5.31	県内霜害、葉たばこ被害額71億円
6.6	日本野鳥の会全国大会開催（耶麻郡北塩原）
6.22	県内大雨、郡山73戸床上浸水
7.6	デンマーク国際青少年音楽祭で会津混成合唱団優勝
8.23	台風15号直撃、被害額256億円
10.1	福島放送（KFB）開局
10.21	安積野開拓100年顕彰碑建立
11.10	河野広中翁銅像建立（県庁内）
11.14	野岩鉄道（株）設立総会開催

【世相】ことば：「行革」「談合」「クリスタル」「ぶりっ子」「ルンルン」「ハチの一刺し」「なめんなよ」
歌：「ギンギラギンでさりげなく」「恋人よ」「もしもピアノが弾けたなら」「ジェラシー」、「ルビーの指環」（第23回レコード大賞受賞）
本：『窓ぎわのトットちゃん』黒柳徹子、『吉里吉里人』井上ひさし、『なんとなく、クリスタル』田中康夫
映画：「泥の河」「遠雷」「セーラー服と機関銃」／洋画：「レイダース／失われたアーク」「007・ユアアイズ」

1981 (昭和56年) 年齢　　歳

私の記録

1982 (昭和57年) 壬戌／みずのえいぬ

世界の出来事

1.6	ベーリング海、トロール船あけぼの丸転覆、死者32人
3.27	韓国、プロ野球開始
3.29	メキシコ、エルチチョン山大噴火、火砕流発生、死者2000人
4.2	フォークランド紛争勃発（英とアルゼンチンが領有権争う）
5.28	ローマ教皇パウロ2世、英訪問。イングランド国教会と450年振りに和解
6月	イスラエル、レバノン侵攻
6.6	第8回サミット（仏）「6.6ベルサイユ宣言」（7ヵ国元首がレバノン経済・国際通貨に関する声明を発表）
6.13	スペイン、FIFAワールドカップ開催
6.14	フォークランド紛争、英勝利
7.14	米、レフチェンコ事件（ソ連KGB少佐、米に亡命）
7.23	国際捕鯨委員会、1986年からの商業捕鯨全面禁止採択
8.17	フィリップス社「CD」開発
9.14	モナコ公国のグレースケリー妃が交通事故死、52歳
9.16～18	パレスチナ難民キャンプで虐殺
10.1	西独、コール首相に
11.10	ソ連、ブレジネフ死去、アンドロポフがKGB議長就任

日本の出来事

1.24	第1回大阪国際女子マラソン開催
2.8	ホテルニュージャパン火災、死者33人
2.9	日本航空、羽田沖墜落事故、死者24人
2.28	岡本綾子、米ゴルフLPGA初優勝
4.1	日本政府「500円硬貨」発行
6.8	ロッキード事件、橋本登美三郎・佐藤孝行（政治家）に実刑判決
6.22	IBMに産業スパイ、日立・三菱社員6人がFBIに逮捕される
6.23	東北新幹線、大宮～盛岡駅間開業
7.23	九州地方集中豪雨・長崎大水害、死者・行方不明者299人（被害総額3000億円）
8.2	台風10号が愛知県上陸、死者95人
9.2	国鉄、リニアモーターカー浮上成功
9.9	長沼ナイキ事件、最高裁原告棄却
10.1	ソニー、世界初「CDプレーヤー」発売
同	財形年金制度施行
10.9	北海道、北炭夕張炭鉱閉山
10.13	NEC「PC-9801」発売
11.10	中央自動車道・全線開通
11.15	上越新幹線、大宮～新潟間開業
11.27	第1次中曽根康弘内閣発足
12.4	米映画「ET」日本初公開
12.8	コメディアン・三波伸介急死、52歳
12.15	愛知県警「戸塚ヨットスクール事件」捜査（スパルタ教育？不審死）
12月	日本電信電話公社、テレフォンカード発売

福島県の出来事

2.1	福島空港の建設地、「須賀川東」に決定
2.8	福島郵便局、管内のオンライン化完成
3.2	原町無線塔取り壊し終了
4.2	東北自動車道の二本松市で6台トラック追突、死者4人、10人重軽傷（開通初の大惨事）
4.15	いわき市と中国・撫順市、友好都市締結
4.20	富岡町・楢葉町の東京電力福島第2原発、営業運転開始
4.20	会津若松市「土曜連続放火事件」の犯人逮捕（2年半に17件の犯行）
5.13	大熊町、県栽培漁業センター落成
6.23	東北新幹線、大宮～盛岡間先行開業
7.19～8.5	FMC混成合唱団、欧州3ヵ国演奏旅行（各地で大好評）
7.21	二本松市の岳温泉組合「ニコニコ共和国」独立宣言
8.2～	台風10号上陸、会津地方被害。台風18号では死者6人
8.18	国立磐梯青年の家、第1回「福島・国際セミナー」開催
9.15	本宮町、全国和牛共進会発足
10.1	郡山市、安積疎水通水100周年記念式典
10.15	猪苗代町、国重要文化財「天鏡閣」修復落成式（高松宮臨席）
10.27	国道289号線・田島～南郷間・駒止峠トンネル開通
11.17	須賀川市、大タイ四頭筋短縮症訴訟で原告と医師側が全国で初めて和解成立
12.23	代議士・菅波茂（3区選出）死去、69歳

【世相】ことば：「風見鶏」「心身症」「逆噴射」「なぜだ」「女帝」「ネクラ」「軽薄短小」「ほとんどビョウキ」
歌：「待つわ」「赤いスイートピー」「聖母たちのララバイ」「北酒場」（第24回レコード大賞受賞）
本：『気くばりのすすめ』鈴木健二、『積木くずし』穂積隆信、『佐川君からの手紙』唐十郎（芥川賞）
映画：「蒲田行進曲」「鬼龍院花子の生涯」「ひめゆりの塔」／洋画：「E.T.」（米）、「ランボー」（米）、「トロン」（米）

1982 (昭和57年) 年齢　　歳

私の記録

1983 (昭和58年) 癸亥／みずのとい

世界の出来事

- 1.1 米・英 ARPANET が IP に切り替わりインターネット形成開始（パケット通信）
- 1.2 米、ミュージカル「アニー」終演（2377回のロングランに）
- 2.8 英、種馬シャーガー誘拐
- 2.13 ハワイアンオープンで青木功、日本人初優勝
- 3.8 米、レーガン大統領一般教書演説中「悪の帝国」発言
- 4.18 ベイルート（レバノン）、米大使館爆弾テロ
- 5.9 ローマ教皇パウロ2世、地動説ガリレオに対する宗教裁判の非を認める
- 5.28 米、第9回サミット（G7）
- 6.5 客船アレクサンドル、鉄道橋ウリヤノスク（ヴォルガ川）に衝突、死者177人
- 7.21 南極・ボストーク基地で史上最低気温マイナス89.2度を記録
- 8.10 仏軍、チャド内戦に介入
- 8.21 フィリピン、アキノ元上院議員暗殺
- 9.1 ソ連、大韓航空機撃墜事件（領空侵犯、269人全員死亡）
- 9.23 アラブ、ガルフェア便爆破事件（テロ、死者111人）
- 10.9 ビルマ、ラングーン事件（北鮮工作員が韓国大統領を狙う）
- 12.28 米、ユネスコに対し脱退を宣言（1985年1月1日付）

日本の出来事

- 1.9 自民党・中川一郎遺体、札幌ホテルで発見（自殺、総裁予備選挙後）
- 1.11 中曽根総理、韓国訪問（全斗喚と会談）
- 1.27 青函トンネル、先進導抗貫通
- 1.31 名古屋、勝田清孝連続殺人犯逮捕
- 2.12 横浜浮浪者連続襲撃殺傷事件（横浜在住の14～16歳の未成年10人を逮捕）
- 2.28 ニセ電話事件、鬼頭史郎元判事有罪
- 3.13 東北医大、体外受精着床成功（日本初）
- 3.24 中国自動車道、全線開通
- 4.4 朝ドラ「おしん」（NHK）放送開始
- 4.15 東京ディズニーランド開園
- 5.11 荒貴・オルコック彗星地球から466万キロの所通過（IRAS）
- 5.26 日本海中部地震、M7.7、死者104人
- 6.13 戸塚ヨットスクールの戸塚宏逮捕
- 7.8 最高裁、連続殺人事件に「永山基準」（犯罪性質・動機・態様・重大性など）
- 7.12 仙台地方裁「松山事件」再審（のちに冤罪と判明）
- 7.15 熊本地方裁「免田事件」無罪判決（1948年逮捕の死刑囚再審事件・冤罪）
- 7.22 山陰地方豪雨、死者・行方不明者119人
- 9.15 国立能楽堂開場
- 10.3 三宅島雄山大噴火（2000年噴火により全島民島外避難）
- 11.9 米レーガン大統領来日（ロンヤス）
- 11.13 ミスターシービー菊花、三冠馬に
- 12.18 第37回衆議院選挙、自民党惨敗
- 12.27 第2次中曽根康弘内閣発足、新自由クラブと連立

福島県の出来事

- 2.15 安達太良山で郡山出身の登山客3人遭難、2人凍死
- 3.1 県農業生産性向上推進本部設置（全国初）
- 3.19 西白河郡東村、乗用車が石塀に激突、青年4人焼死
- 3.30 大タイ四頭筋短縮症訴訟、福島地裁白河支部が製薬会社4社の過失認め賠償命令
- 5.9 会津若松市・桜木市長死去、53歳
- 6.8 県自治会館開庁式（福島市）
- 6.26 若松新市長に猪俣良記氏
- 8.18 第2回福島国際セミナー開催（裏磐梯）
- 8.24 松平知事一行、第3回ハワイ県観光物産展のため出発
- 9.22 こまくさ山岳会（郡山市）、インドのカンミヒール・ヒマラヤ最高峰ヌン峰に登頂成功
- 10.20 いわき市、多目的ダム「四時ダム」完成
- 10.21 いわき市出身の詩人、草野心平氏が文化功労者に
- 11.1 福島、自治体初の「小鳥の森」開園式（常陸宮をお迎え）
- 11.12 国道4号福島南バイパス全線開通
- 12.4 テレビユー福島開局（民間TV4局揃う）
- 12.26 第2次中曽根内閣の厚生大臣に渡部恒三氏（2区選出）が任命
- 12.27 国鉄丸森線、第3セクターに（福島・宮城両県と福島交通が共同出資）

【世相】○田中元総理に懲役4年実刑判決　○1月19日に中曽根総理が訪米、「不沈空母化」発言　○松平知事に勲1等旭日大授章
ことば：「ロンとヤス」「勝手連」「気くばり」「いいとも」「フォーカス現象」「夕ぐれ族」　歌：「さざんかの宿」「釜山港へ帰れ」「冬のリヴェラ」「夢芝居」「矢切の渡し」（第25回レコード大賞受賞）　本：『二つの祖国』山崎豊子、『破獄』吉村昭、『私生活』神吉拓郎（直木賞）　映画：「戦場のクリスマス」「東京裁判」「南極物語」「宇宙戦艦ヤマト・完結編」／洋画：「パッション」（仏）、「ソフィーの選択」（米）、「007・オクトパシー」（英）

1983 (昭和58年) 年齢　　歳

私の記録

1984 (昭和59年) 甲子／きのえね

世界の出来事

- 1.13 米、AT&T 分割
- 1.24 米アップル「Macintosh(Mac)」発表
- 2.8 冬季サラエボ五輪開幕
- 2.9 ソ連、アンドロポフ書記長死去、後任チェルネンコに
- 4.22 英、リビアと国交断絶
- 6.7 第10回サミット（ロンドン）
- 6.14 欧州議会議員選挙、434名選出（欧州共同体加盟10ヵ国）
- 7.25 朝鮮総連、1959年よりの日本から在日朝鮮人の帰還事業終了、9万3340人が北朝鮮へ帰還
- 7.28 ロサンゼルス五輪開催（柔道無差別級の山下泰裕が金メダル）
- 8.30 米、スペースシャトル打上げ
- 10.31 インド、インデラ首相暗殺
- 11.6 米、レーガン再選される
- 12.3 インド、ボパールにある化学工場有毒ガス流出事故、死者2万人
- 12.10 英、ユネスコに対し1985年末で脱退通告
- 12.19 英と中国が香港返還合意文書に調印（1997年に返還）

日本の出来事

- 1.13 13日金曜日・仏滅・三隣亡が重なる
- 2.12 植村直己、マッキンリー単独登頂（翌日、下山途中消息不明に、当時43歳）
- 3.4 第1回名古屋国際女子マラソン開催
- 3.12 高松地裁「財田川事件」再審無罪（4大死刑冤罪事件の免田・松山・島田に並ぶ）
- 3.18 江崎グリコ社長誘拐事件（未解決、社長は自力で脱出）
- 4.1 三陸鉄道開業（第3セクター初）
- 4.6 名優・長谷川一夫死去、76歳
- 4.10 長谷川一夫・植村直己に国民栄誉賞
- 5.1 東洋工業、マツダへ社名変更
- 6.1 第2電電（現・KDDI）設立
- 6.26 熊本辛子レンコン食中毒、死者11人
- 7.11 仙台地裁「松山事件」無罪判決
- 9.3 東京国立近代美術館、フィルム火災
- 9.6 韓国の全斗煥大統領が初来日
- 9.19 自民党本部放火襲撃事件（永田町）
- 10.6 有楽町マリオン完成（旧日劇・朝日）
- 11.1 新紙幣「1万円（福沢諭吉）」「5000円（新渡戸稲造）」「1000円（夏目漱石）」発行
- 同 第2次中曽根康弘改造内閣（新自由クラブ）
- 11.16 地下ケーブル火災、8万9000回線不通に（銀行オンラインにも支障）
- 11.30 石油業界の再編（日本・三菱）
- 12.6 財団法人・証券保管為替機構発足
- 12.19 トルコ風呂の名称を「ソープランド」に改称（トルコ青年による直訴）

福島県の出来事

- 1.22 天栄村、羽鳥湖ワカサギ釣りで2家族5人が一酸化中毒死
- 2.3 東京電力、福島第2原子力発電所2号機運転開始
- 2.15 大シケのベーリング海で小名浜の漁船が沈没、死者14人、行方不明者2人
- 3.5 ソ連漁船、小名浜港初寄港
- 3.31 国鉄日中線（喜多方〜熱塩間）廃止
- 4.3 国鉄丸森線、第3セクターの「阿武隈急行」設立
- 4.22 会津若松市、鶴ヶ城築城600年祭開幕
- 4.28 いわき市美術館落成
- 5.31 各地で落雷、本宮町と会津坂下町で2人死亡
- 7.4 福島市音楽堂落成
- 7.22 県立美術館図書館落成
- 8.18 尾瀬に「夏の思い出」碑除幕式（詩・江間章子出席）
- 9.2 県知事選、松平知事3選
- 9.8 安積高校創立100周年記念（森喜朗文相と生徒緑陰対話）
- 9.25 昭和天皇皇后ご来県、会津路へ（ダイヤモンド婚記念）
- 10.17 いわき市石炭化石館落成
- 10.19 全国初の県がん対策県民会議が発足
- 10.28 二本松市で農薬入り飲料水で男性死亡
- 10.29 県内水稲作況指数109に（史上最高の豊作に）
- 11.3 高橋信次に文化勲章（愛知がんセンター所長、二本松市出身）
- 11.10 郡山市文化センター落成
- 11.25 東北・北海道女子駅伝で福島Aチーム優勝（福島市）

【世相】○一人暮らしの老人が史上はじめて100万人突破　○働く主婦が全体の50.3％に　○新札発行で「聖徳太子の時代」に幕　○福島県下には文化施設が続々オープンする　ことば：「イッキイッキ」「パフォーマンス」「普通のおばさん（都はるみ）」　歌：「つぐない」「北の蛍」「ワインレッドの心」「娘よ」「涙のリクエスト」「飾りじゃないのよ涙は」、「長良川艶歌」（第26回レコード大賞受賞）　本：『愛情物語』赤川次郎、『恋文』連城三紀彦（芥川賞）、『週刊文春』（三浦和義の「ロス疑惑」記事が話題に）　映画：「お葬式」「瀬戸内少年野球団」「ゴジラ」／アニメ映画：「風の谷のナウシカ」／洋画：「ターミネーター」（米）、「ワンス・アポン・ア・タイム・アメリカ」（米）、「ビバリーヒルズ・コップ」（米）　テレビCM：「ミラージュ」（三菱自動車）の「エリマキトカゲ」が人気に

1984 (昭和59年) 年齢　　歳

私の記録

1985 (昭和60年)　乙丑／きのとうし　紀元（皇紀）2643年

世界の出来事

- 3.10　ソ連、チェルネンコ共産党書記長が死去
- 3.11　ソ連、ゴルバチョフが共産党書記長就任
- 3.15　DNSに初ドメイン名（インターネットのデータベースシステム、IP対応）
- 3.19　イラン・イラク戦争最中にトルコ航空が自国民より優先して日本人を全員救出
- 4.15　南アフリカ共和国、異民族間の結婚禁止法律を廃止
- 4.19　ソ連、東カザフスタンで核実験
- 5.2　第11回サミット（西独）
- 5.11　英、ブラッドサッカー場火災、死者56人
- 5.25　バングラデシュ、サイクロン被害、死者約1万人
- 6.23　インド航空爆破事件、329人死亡（シーク教徒の犯行）
- 7.13　英、ライブエイドコンサート（1億人の飢餓救済）
- 8.2　米デルタ航空機墜落、死者135人
- 8.15　中国、南京大虐殺記念館開館（抗日戦争終結40周年）
- 9.1　米仏、北大西洋に1912年沈没した「タイタニック号」（当時の豪華客船）を発見
- 9.19　メキシコ大地震、死者9000人
- 11.6　コロンビア最高裁占拠事件、人質115人死亡
- 11.13　コロンビア、ネバドデルリス火山噴火、死者2万人
- 12.12　米アロー空港墜落事故、死者256人（カナダ国内で発生した最悪の航空機事故）

日本の出来事

- 1.1　改正国籍法施行（夫婦別姓、外国姓が可能に）
- 同　昭和シェル石油が誕生（昭和・シェルが合併）
- 1.9　両国国技館完成（現在の姿に）
- 2.20　ミノルタが一眼レフカメラを発売（世界初）
- 3.10　青函トンネル本坑、53.9キロ貫通
- 3.16～9.16　つくば'85（国際科学博覧会）
- 3.21　日本初、エイズ患者認定
- 3.27　四国、高速道路開通（松山～土居）
- 4.1　電電公社が民営化しNTTに、日本専売公社は民営化しJTに
- 同　放送大学開学（千葉に本部）
- 5.17　男女雇用機会均等法成立（6月1日公布）
- 5.25　国籍法改正（国際結婚の時に夫婦同性・別姓どちらにするか選択可能に）
- 6.6　エホバの証人信者、輸血拒否で死亡
- 6.18　豊田商事会長刺殺事件（悪徳商法）
- 7～8月　毒入りワイン騒動（オーストリア産、甘味目的の不凍液不正添加）
- 7.9　徳島ラジオ商殺し事件、徳島地裁が被告人死後に無罪判決（19日結審）
- 7.25　女子差別撤退条約批准（多国間条約、国際連合第34回総会で採択）
- 8.12　日本航空123便が御巣鷹山尾根に墜落（死亡者520人、奇跡的に4人が生存）
- 8.15　中曽根総理、靖国神社公式参拝
- 8.24　第13回ユニバーシアード神戸大会（108ヵ国・120種目・選手3949人が参加）
- 9.2　NTT、ショルダーホン携帯電話発売
- 9.11　ロス疑惑の三浦和義逮捕
- 10.1　国勢調査、人口1億2100万人に（平均寿命・男74.54歳、女80.18歳で男女とも世界一に）
- 12.28　第2次中曽根康弘改造内閣発足

福島県の出来事

- 1.5　参議院議員・村田秀三死去、63歳
- 2.5　第34回全国高校スキー大会、猪苗代町で開催
- 3.5　福島市、テレトピア構想モデル都市に
- 3.14　東北新幹線、上野乗入れに
- 3.19　元参議院議員・衆議院議員・山下春江死去、83歳
- 4.26　第3セクター野岩鉄道が「会津鬼怒川線」に改称
- 4.29　春の叙勲、沢田悌に勲1等瑞宝章（元公正取引委員長、須賀川市出身）
- 6.8　県人口動態で、癌が脳卒中を抜き死因トップに
- 6.21　東京電力、福島第2原発3号機営業運転開始により第1・第2の総出力が799万6000キロワットとなり日本一の発電県に
- 7.31　古殿町の五十嵐真一（98歳）が富士山登山で自分の持つ最高齢登頂記録を更新
- 9.20　いわき市、中学生がいじめを苦に自殺（教育委員会）
- 10.1　県人口208万304人に、世帯数57万4968戸
- 10.27　福島市長・河原田穣死去、68歳（任期半ば）
- 10月　県史上最高の豊作（水稲作況指数111）
- 11.22　全日本合唱コンクールで安積女子高校が6年連続金賞
- 12.8　福島市、前市長死去にともない新福島市長に吉田修一が当選
- 12.16　福島市議士・渋谷直蔵死去、69歳（2区選出）
- 12.28　法務大臣に鈴木省吾が就任（福島県出身）

【世相】ことば：「角抜き」「ペーパー商法」「新人類」「熟年」「ダッチロール（蛇行飛行）」
歌：「なんたってアイドル」「雨の西麻布」「愛人」テレサテン、「俺ら東京さ行ぐだ」「そして…めぐり逢い」、「ミ・アモーレ」（第27回レコード大賞受賞）
本：『首都消失』小松左京、『知価革命』『アイアコッカ』堺屋太一、『魚河岸ものがたり』森田誠吾（直木賞）
映画：「ビルマの竪琴」「乱」「銀河鉄道の夜」／洋画：「アマデウス」（米）、「ネバーエンディング・ストーリー」（独）

1985 (昭和60年) 年齢　　歳

私の記録

1986 (昭和61年)

丙寅／ひのえとら　　紀元（皇紀）2644年

世界の出来事

- 1.1 欧州共同体（EC）にスペイン・ポルトガルが加盟
- 1.7 米レーガン大統領、対リビア経済制裁発表
- 1.28 米、スペースシャトル爆発事故、乗組員7人全員死亡
- 2.26 フィリピン、マルコス大統領が米に亡命。アキノが大統領に就任
- 3.16 スイス、国民投票で国際連合加盟を否決（2002年加盟）
- 4.15 米軍、リビア空爆
- 4.26 ソ連、チェリノブイリ原子力発電所爆発事故発生（午前1時23分、4号炉爆発）
- 5.31 FIFAワールドカップ第13回メキシコ大会開幕（6月29日アルゼンチン優勝）
- 9.15 韓国、華城連続殺人事件（1991年まで10件殺人、未解決）
- 10.3 ソ連原子力潜水艦「k-219」がバミューダ沖で原子炉暴走事故
- 10.11 米ソ首脳会談（アイスランド・レイキャビクにて、米のレーガンとソ連のゴルバチョフ）
- 11.3 イラン、コントラ事件（米の秘密武器輸出が発覚、問題化）

日本の出来事

- 2.1 中学生いじめ自殺（中野区富士見中、葬式ごっこ、教師も加わっていた）
- 2.11 伊豆熱海旅館「山水」火災、死者24人
- 2.13 大阪藤井市、旧石器時代の竪穴住居跡発見
- 2.21 泉重千代死去、120歳（鹿児島）
- 3.5 青函トンネル、北海道と本州結合
- 4.8 アイドル岡田有希子、飛び降り自殺（18歳、ファンの後追い自殺が相次ぎ社会問題に）
- 4.28 港区アークヒルズ完成（大規模新都市開発のさきがけとなる）
- 4.29 昭和天皇在位60周年記念式典
- 5.4 第12回（東京）サミット（テロ国家とリビアを名指し非難）
- 5.8 英チャールズ皇太子・ダイアナ妃来日
- 6.1 上野動物園、パンダの「トントン」が誕生
- 7.22 第3次中曽根康弘内閣発足
- 8.27 釧路地裁、梅田事件に無罪判決
- 9.6 土井たか子が社会党委員長に就任（女性初）
- 9.22 安中公害訴訟和解、4億5000万円賠償
- 11.1 道路交通法、シートベルト義務化
- 11.21 伊豆大島三原山噴火、全島民避難
- 11.25 有楽町3億円事件（犯人はフランス3人とアルジェリア人1人、国際指名手配）
- 11.27 日本共産党幹部宅盗聴事件
- 12.9 ビートたけし、講談社乱入事件
- 12.28 山陰本線列車転落、6人死亡

福島県の出来事

- 1.5 須賀川市、団地の暴力団同士の抗争事件（組員2人がピストルで撃たれ死亡）
- 2.3 第3セクター「裏磐梯高原開発公社」設立（猫魔など）
- 2.20 いわき市、双子の赤ちゃんの育児に疲れた母親が赤ちゃんを道連れに無理心中を図る
- 4.6 会津若松市、身代金目的の小学生誘拐事件、犯人逮捕
- 4.29 春の叙勲、天野光晴、勲1等旭日大授章
- 5.4 チェルノブイリ原発事故により放射能が県内でも検出される（雨や浮遊じんによって、野菜からも検出）
- 6.16 海洋調査船へりおす遭難、福島県沖で沈没、9人死亡
- 7.1 阿武隈急行、丸森先行開業
- 7.22 第3次中曽根内閣の建設大臣に天野光晴（1区）が就任
- 8.4 台風10号豪雨、中・浜通り被害死者3人（栃木県を含む7市町村に災害救助法で146億4000万円の支援）
- 9.2 下郷町、町長リコール請求（11月に2回町長選挙が行われる異常事態）
- 9.13 県営あづま球場落成（福島）
- 9.26 全日本軟式テニス選手権開催（浩宮ご来県・開会式にご出席）
- 10.9 会津鬼怒川線開通・開業（東京浅草まで2時間40分）
- 10.18 県立博物館、会津若松市鶴ヶ城の隣接地に落成
- 11.6 国鉄会津線に第3セクター運営の「会津鉄道」設立
- 11.22 石川町、連続5件放火事件、女子中学生が焼死
- 12.3 郡山地域テクノポリス（高度技術集積都市）構想
- 12.15 大山忠作（日本画家）、三坂耿一郎（彫刻）の両氏に日本芸術院会員発令
- 12.20 元衆議院議員・八田貞義（2区）死去、77歳

【世相】ことば：「究極」「知的水準」「激辛」「亭主元気で留守がいい」「おニャン子」「プッツン」「家庭内離婚」「バクハツだ」 歌：「ダンシング・ヒーロー」「熱き心に」「時の流れに身をまかせ」「天城越え」「愛しき日々」、「DESIRE -情熱-」（第28回レコード大賞受賞）
本：『化身』渡辺淳一、『恋紅』皆川博子・『ガディスの赤い星』逢坂剛・『遠いアメリカ』常盤新平（直木賞）
映画：「子猫物語」「道」（「ヘッドライト」（仏・1956年）をリメイク）、「火宅の人」「鑓の権三」／アニメ映画：「天空の城ラピュタ」／洋画：「トップガン」「ロッキー4」「コーラスライン」（米）

1986 (昭和61年) 年齢　　歳

私の記録

1987 (昭和62年)

丁卯／ひのとう

世界の出来事

- 1.1 中国、天安門で学生デモ
- 2.22 G7（先進7ヵ国財務大臣・中央銀行総裁会議）、ルーブル合意
- 2.23 英、超新星SN1987A観測（ニュートリノ初観測）
- 3.22 米アップル「MacintoshⅡ」を発表
- 5.28 西独青年、セスナ機でソ連・モスクワの「赤の広場」に着陸（マチアス・ルスト君19歳、432日懲役後に国外退去）
- 6.8 ベニス、第13回サミット
- 6.26 ソ連、国家企業法改定（企業の自主運営・競争導入）
- 7.1 単一欧州議定書発効
- 7.11 世界人口50億人突破
- 7.15 台湾、1949年から続いた戒厳令解除
- 8.17 元ナチス副総統ルドルフ・ヘスがベルリンの刑務所で自殺、93歳（刑務所はこれを持って閉鎖）
- 9.9 米ロスアラモス、第1回人工生命国際会議
- 10.19 NYブラックマンデー（株価大暴落、世界同時株安に）
- 11.28 南アフリカ航空295便、インド洋で墜落、死者159人
- 11.29 金賢姫、大韓航空機爆破事件（北朝鮮工作員）
- 12.8 米ソ首脳会談で中距離核戦力全廃条約調印（ワシントン）

日本の出来事

- 1.20 日本初女性エイズ患者（神戸）死亡、100人接触明らかに（エイズパニック）
- 2.9 NTT株上場、財テクブームに
- 3.3 日立、全自動洗濯機「静御前」発売
- 3.5 盛岡地裁、総理の靖国公式参拝合憲判決（靖国問題、11件の内違憲とされたのは2件）
- 3.13 中国残留孤児の定期訪日調査終了
- 3.14 日本の南極商業捕鯨終了（以後は調査捕鯨）
- 3.21 中曽根内閣、戦後3位長期政権に
- 3.30 安田火災がゴッホの「ひまわり」を53億円で落札
- 4.1 国鉄、分割民営化でJRグループに
- 4.4 有明コロシアム落成（1万人収容）
- 5.3 赤報隊事件、兵庫朝日新聞襲撃（未解決）
- 6.1 日経平均株価2万5000円台になる
- 6.6 東村山市老人ホーム火災、17人焼死
- 6.26 外貨準備高、独を抜き世界一に
- 7.15 仙台市営地下鉄開業
- 7.23 首都圏、猛暑原因の停電（280万世帯）
- 7.31 釧路湿原、28番目の国立公園に
- 8.3 世界宗教サミット開催（京都の比叡山延暦寺）
- 8.19 外務省、急増の「ジャパゆきさん」対策
- 9.4 第2電電、営業開始
- 9.9 東北自動車道、全線開通
- 9.10 マイケル・ジャクソン来日コンサート
- 10.12 利根川進氏、ノーベル医学生理学賞受賞決定
- 11.6 竹下登内閣発足
- 12.7 千葉県東方沖地震、M6.7、死者2人
- 12.31 東京円相場、1ドル=121円台に

福島県の出来事

- 1.23 県立医大倫理委員会、体外受精研究承認
- 2.3 節分のドカ雪、県内の小中高校52校が臨時休校
- 2.27 県中・会津に大雪、積雪64センチ
- 4.8 県立福島南高校開校・入学式
- 4.12 いわき明星大学が開学
- 6.1 県立福島医大付属病院開院
- 6.20 県人口動態統計まとまる、がん死者3637人（死因1位）
- 7.1 福島市市制施行80周年記念式典
- 7.15 台風5号、会津被害264戸
- 8.1 古殿町の五十嵐貞一が100歳で富士山頂登山（12年連続の登頂）
- 8.15 東京電力福島第2原発4号機営業運転10基完成（総出力909万6000キロワット）
- 8.30 相馬市、火葬場建設問題で反対住民決起集会
- 9.8 心臓外科医、B型肝炎で死亡（県内初、郡山の医師）
- 9.29 いわき市立病院で出産希望妊婦と人工中絶妊婦を間違って手術、大問題に
- 10.1 福島大学に行政社会学部設立
- 10.20 大川ダム完成（費用850億円）
- 11.3 詩人・草野心平に文化勲章受賞
- 11.6 ポケットベルサービスの新会社「福島テレメッセージ」発足
- 12.24 喜多方市、不動産夫婦心中（1億4200万円の使途不明金見つかる）

【世相】ことば：「地上げ屋」「ゴクミ」「ホーナー効果」「マルサ」「朝シャン」「懲りない○○」
歌：「雪国」「命くれない」「Blue Rain」「別れの予感」「みだれ髪」（美空ひばり）、「わが人生に悔いなし」（石原裕次郎）、「愚か者」（第29回レコード大賞受賞） 本：『サラダ記念日』俵万智、『ノルウェイの森』村上春樹、『塀の中の懲りない面々』安倍譲二、『優駿』宮本輝、『マンガ日本経済入門』石ノ森章太郎、『鍋の中』村田喜代子・『ステイル・ライフ』池澤夏樹・『長男の家出』三浦清宏（芥川賞）、『海狼伝』白石一郎・『ソウル・ミュージック・ラバーズ・オンリー』山田詠美・『それぞれの終楽章』阿部牧郎（直木賞）
映画：「マルサの女」「二十四の瞳」「ゆきゆきて神軍」「竹取物語」「ハチ公物語」／洋画：「プラトーン」「スタンドバイ・ミー」（米）

1987 （昭和62年） 年齢　　歳

私の記録

1988 (昭和63年) 戊辰／つちのえたつ

世界の出来事

1.1	ソ連、ペレストロイカ開始
1.26	オーストラリア、入植（1788年）200周年を祝う
2.6	伊、リラ通貨、1000分1デノミに移行
2.13	カナダ、カルガリー冬季五輪
2.25	韓国、盧泰愚が大統領に就任
3.14	赤爪礁海戦（中国とベトナムが衝突）
3.16	ハラブジャ事件（イラン・イラク戦争末期、イラクがクルド人虐殺）
3.17	ベネズエラ国境でコロンビア航空410便墜落、死者143人
4.14	ソ連、アフガン撤退合意
4.30	オーストラリア、国際レジャー博覧会開催
5.23	米レーガン大統領が訪ソ
6.19	カナダ、第14回サミット
7.3	イラン航空655便が米軍イージス艦により撃墜、298人死亡
7.3	トルコ、第2ボスポラス橋開通（日本技術によるもの）
7.6	北海油田爆発事故、死者166人
8.8	ビルマ、8888民主化デモ
8.20	イラン・イラク戦争停戦
9.17	第24回夏季ソウル五輪（参加国159ヵ国、237種目）
10.7	リトアニア、塔の上に3色旗が掲げられる（1940年以降初、独立の兆し）
11.16	パキスタン、ブットーが首相就任（イスラム教国最初女性の首相）
11.17	オランダ、インターネット接続、米に次ぐ2番目の国に
12.7	アルメニア地震、M6.9（死者1万5000人以上に）

日本の出来事

1.1	全日本実業団対抗駅伝大会開催（元旦）
1.2	昭和天皇、最後の新年一般参賀に
1.12	日本医師会、「脳死」をもって「人の死」と認定
2.21	机「9」文字事件（世田谷砧南中学校）
2.28	サントリー・佐治社長、東北熊襲発言
3.13	青函トンネル開業（連絡船運行終了）
3.17	東京ドーム完成（文京区後楽園）
3.24	上海列車事故（中国へ修学旅行中の高知学芸高校生ら27名死亡）
4.10	瀬戸大橋開通（日本列島全開通）
4.16	アニメ映画「となりのトトロ」と「火垂るの墓」同時公開
6.18	リクルート事件、川崎市で発覚（未公開株、賄賂で政界官界に）
7.23	なだしお事件、死者30人（海上自衛隊潜水艦と民間漁船が衝突）
7.30	北陸自動車道、全線開通
8.15	戦没者追悼式、昭和天皇最後の臨席
9.13	パソコン通信、日本初ウィルス被害
9.19	昭和天皇危篤状態に（祭事イベント等自粛ムードに、全国的に記念行事中止）
9.22	オウム真理教、在家信者死亡事件
10.3	TVアニメ「アンパンマン」放映開始
10.19	オリエント急行日本上陸（日立）（パリ〜北欧〜モスクワ〜香港〜日本）
11.25	埼玉県、女子高生コンクリート詰殺人事件（未成年の不良4人組逮捕）
11.29	竹下総理、「ふるさと創生」で全国市町村に一律1億円交付を決定
12.15	日本・米、観光ビザ免除に
12.16	北海道十勝岳噴火・群発地震
12.24	「消費税」導入の税制改革関連6法案可決
12.27	竹下登改造内閣発足
12.30	神戸市、太陽神戸銀行現金輸送車襲われ、現金3億2250万円奪われる

福島県の出来事

1.24	県内暖冬から一転、中通り・会津地方大雪に（26日まで、JR各線マヒ、小口学校休校）
2.28	サントリー・佐治敬三社長の「東北は熊襲の産地」発言で抗議の製品不買運動起こる
3.24	常磐自動車道、開通（都心まで2時間半に）
4.1	「マル優」制度廃止
4.8	県立清陵情報高校開校
5.22	海洋調査船「へりおす」の引揚げ再開（7月11日2年ぶりに浮上）
6.1	国際貿易港・相馬港開港（小名浜港に次ぐ2番目）
6.14	田部井淳子（三春町出身）が北米マッキンリー登頂成功（女性世界初の5大陸最高峰登頂者に）
6.25	郡山市、蘭ブルメン市と国際姉妹都市締結（安積疎水ファン・ドールン生誕都市）
7.1	阿武隈急行、全線開通
同	郡山市、県内初公文書公開
7.12	福島医科大学付属病院で初の体外受精の嬰児誕生
9.4	県知事選、佐藤栄佐久当選（第40代知事に、前参議院）
9.14	玉川村、「福島空港」起工式
11.12	古関裕而記念館、福島市に落成
同	詩人・草野心平死去、85歳
12.10	郡山市、民間検診センターが無資格検診
12.23	稲作況指数76で、戦後3番目の凶作に

【世相】ことば：「下血」「自粛」「ペレストロイカ」「カイワレ族」「5時から男」「朝シャン」
歌：「乾杯」「人生いろいろ」「とんぼ」「酒よ」「アンパンマンのマーチ」、「パラダイス銀河」（第30回レコード大賞受賞）
本：『キッチン』吉本ばなな、『大国の興亡』ポール・ケネディ、『狂人日記』色川武夫、『ダイヤモンド・ダスト』南木佳士（芥川賞）、『熟れてゆく夏』藤堂志津子（直木賞）
映画：「敦煌」「TOMORROW明日」／アニメ映画：「となりのトトロ」「火垂るの墓」／洋画：「ラストエンペラー」（伊・英・中国）、「タッカー」（米）

1988 (昭和63年) 年齢　　歳

私の記録

1989（昭和64年）（平成元年） 己巳／つちのとみ

世界の出来事

2.2	ソ連、アフガン撤退開始（2月15日撤退完了）
2.6	ポーランド、円卓会議に
3.13	世界的な磁気嵐（カナダでは大停電に）
3.24	アラスカ、エクソンバルディーズ号原油流出事故（人為的環境破壊としては最大級）
6.4	中国、天安門事件
同	ポーランド、第1議会選挙
6.15	欧州加盟国議会議員選挙
6.18	ビルマ、「ミャンマー」に改称（軍事政権下）
同	ポーランド、「連帯」大統領選に圧勝（東欧革命の先駆けとなる）
6.19	ポーランド、ヤルゼスキ、大統領に選出
8.19	ハンガリー、汎ヨーロッパ旅行亡命者がオーストリアへ
8.23	バルト三国（エストニア・ラトビア・リトアニア）が独立運動（「人間の鎖」には約200万人が参加し、600キロにわたり手を繋ぐ）
9.19	仏、UTA航空爆破テロ事件（リビア、死者170人）
9.24	仏、TGV運行開始（速度300キロで運行）
10.23	ハンガリーが「ハンガリー共和国」に改称
11.9	ベルリンの壁崩壊
11.24	チェコスロバキアでビロード革命（共産党崩壊）
12.3	マルタ会談（米ソ首脳、東西冷戦終結宣言）
12.22	ルーマニア、チャウシェスク政権崩壊

日本の出来事

1.7	昭和天皇崩御、皇太子明仁親王即位
1.8	元号「平成」となる
1.9	大相撲初場所（初日月曜ははじめて）
2.4	金融機関、週休2日制がスタート
2.13	リクルート事件、江副元会長逮捕
2.24	昭和天皇大喪（たいも）の礼（都心は雨）
3.11	JR新宿・渋谷駅に発車メロディー導入
3.25	みなとみらい21横浜博覧会開催
4.1	消費税（3％）実施
同	仙台市、11番目の政令指定都市に
4.11	川崎市の竹藪から1億円札束発見事件
4.20	朝日新聞珊瑚記事ねつ造事件（沖縄県西表島海底珊瑚に落書き）
6.1	竹下登内閣総辞職（伊東正義に打診）
6.2	横浜開港130周年・横浜アリーナ開設
同	宇野宗佑内閣発足（在任69日）
6.24	歌手・美空ひばり死去、52歳
7月	甲府・岐阜・秋田など市制100年
8.7	東京・埼玉連続幼女誘拐殺人事件
8.9	第1次海部俊樹内閣発足
8.26	礼官文仁親王・川嶋紀子との婚約発表
9.27	横浜ベイブリッジ開通
同	ソニー、米コロムビア映画を買収
10.1	名古屋・鳥取・徳島市制100周年
10.26	東京モーターショー開催（幕張メッセ）
10.31	三菱地所、ロックフェラーCを買収
11.4	坂本弁護士一家殺害事件（オウム真理教信者の犯行）

福島県の出来事

1.6	東京電力福島第2原発3号機運転停止、循環ポンプ破損
2.1	福島銀行・大東銀行発足（相互銀行から普通銀行に）
3.1	連合福島（民間労組）発足
3.7	当県初の民選知事・石原幹市郎死去、85歳
3.13	代議士・亀岡高夫死去、69歳
5.12	松浦京（浪江町出身）がナイチンゲール徽章受賞
6.2	伊東正義、総理依頼を固辞
7.2	小林浩美プロ（いわき）がゴルフ日本女子オープンで優勝
7.20	郡山の塗装会社社長誘拐事件
8.6	台風13号本県直撃、被害額599億円、猪苗代では死者・行方不明者14人
8.7	いわき市や田村郡に産業廃棄物不法投棄、社会問題に
8.10	海部俊樹内閣発足（福島県出身・渡部恒三が入閣）
同	桧枝岐村、燧ヶ岳開山100年（1889年8月、記念登山）
8.18	作曲家・古関裕而死去、80歳
9.27	国道115号線、土湯トンネル開通（3360メートル）
9.27	北塩原村・五色沼畔に「日本赤十字社平時災害救護発祥の地」記念碑建立
10.26	国道49号線、中山トンネル開通（500メートル、郡山熱海町）
11.1	県人口2100万532人に
11.5	佐藤栄佐久知事が日米知事会議出席のため渡米
11.18	「反連合」の単産が県労連（県労働組合総連合）を結成

【世相】○この年は、日本、世界にとっても大きな歴史の変わり目を感じさせる年となった。昭和天皇の崩御にはじまり、社会主義国であったソ連をはじめとしてポーランド・ハンガリー・チェコスロバキア・ルーマニア等々も大きく変容し、ベルリンの壁も崩壊。「マルタ会談」（米ソ和解）による冷戦の終結もあった。　　ことば：「ベルリンの壁」「セクシャル・ハラスメント」「オバタリアン」「フリーター」　歌：「リバーサイドホテル」「あした」「川の流れのように」「淋しい熱帯魚」（第31回レコード大賞受賞）　本：『下天は夢か』津本陽、『TUGUMI』吉本ばなな、『孔子』井上靖、『表層生活』大岡玲（芥川賞）　映画：「黒い雨」「千利休」「あ・うん」／アニメ映画：「魔女の宅急便」／洋画：「インディジョーンズ／最後の聖戦」（米）、「バットマン」「ダイ・ハード」（米）

1989 (昭和64年)(平成元年) 年齢　　歳

私の記録

1990 (平成2年)　庚午／かのえうま　紀元（皇紀）2650年

世界の出来事

1.7	伊、ピサの斜塔が修復のため閉鎖
1.11	リトアニア、独立要求
1.13	米バージニア州で初のアフリカ系州知事誕生
1.29	東独、ホーネッカー首相逮捕
2.11	南アフリカ共和国、ケープタウン刑務所よりネルソン・マンデラが28年ぶりに釈放される
2.14	宇宙探査機「ボイジャー1号」が初の太陽系写真撮影成功
3.11	リトアニア、独立宣言
3.15	ソ連、初代大統領にゴルバチョフが就任（10月ノーベル平和賞受賞）
3.21	ナミビア、南アフリカ共和国より独立（植民地最後）
3.30	エストニア、独立宣言
4.13	ソ連、カティン森事件公式謝罪（対ポーランド）
4.24	ハッブル宇宙望遠鏡軌道に
5.4	ラトビア、ソ連より独立
5.17	WHO（世界保健機関）、病気一覧から「同性愛」を削除
7.2	イスラム聖地メッカで巡礼者将棋倒し、死者1426人
7.28	アルベルト・フジモリがペルー大統領に就任
8.2	イラク、クエート侵攻
9.22	第11回北京アジア大会
10.3	東西独、統一国家に

日本の出来事

1.1	軽自動車、排気量の基準を550ccから660ccに
1.13	第1回大学入試センター試験実施
1.17	文部省、宇宙科学観測用ロケット「ダイアナ計画」第1号、打上げ成功
1.18	長崎市の本島市長、右翼団体員に銃撃され重傷
2.14	ローリングストーンズ、初来日公演
2.28	第2次海部俊樹内閣発足
3.3	ポール・マッカートニー、初来日公演
3.10	京葉線、全線開通（東京～千葉県蘇我）
3.26	黒澤明監督、米アカデミー名誉賞受賞
4.1	大阪市、国際花と緑の博覧会開催（9月30日まで）
同	学習指導要領、「君が代」斉唱義務化
4.12	TVアニメ「ムーミン一家」放送開始
4.22	北九州市、宇宙のテーマパーク「スペースワールド」開業（新日鉄休遊地）
5月	三菱自動車・トヨタ自動車・日産自動車が、揃って新車発売
6.29	礼宮文仁親王が川嶋紀子とご成婚。「秋篠宮家」を創設
7.6	神戸高塚高校校門で圧死事件（当校門限時の門扉閉鎖による）
7.20	大阪市港区に「海遊館」開業
8.21	樺太在住のコンスタンチン・スコロちゃん（3歳）大火傷により札幌医大付属病院に搬送、超法規処置で救命される
10.16	政府PKO法案、自衛隊海外派遣案
11.22	今上天皇、大嘗祭（皇居東御苑）挙行
12.2	TBSの記者・秋山豊寛、ソ連の宇宙船「ソユーズTM-11」で日本人初の宇宙飛行

福島県の出来事

1.11	富士最高齢登山者・五十嵐貞一（古殿町）死去、103歳
2.5	県一般会計予算案が初の7000億円台に
3.1	連合福島統一大会、11万人参加
3.10	奥羽線ミニ新幹線、軌道改造工事着工
3.25	第38回県王将戦、12歳の佐藤佳一郎4段が優勝（保原町）
4.10	棚倉町、第3セクター「ルネサンス棚倉」落成
4.14	隔週土曜日閉庁（全市町村）
4.24	第3セクター「福島空港ビル」落成
4.26	財団法人暴力団根絶県民会議発足
5.19	郡山市、米国州立テキサス農工大学（A&M）開校
5.26	いわき市潮屋崎に歌謡界女王・美空ひばり遺影碑建立
7.1	福島、古関裕而音楽賞制定
7.20	「新奥の細道」ルート決定
9.16	会津若松市、鶴ヶ城本丸跡に千小庵の茶室「麟閣」落成
9.30	いわき市長選で岩城光英が当選（東北最年少の40歳市長）
10.1	県人口210万4058人、世帯数60万6936戸に
10.12	会津線、田島～会津高原駅間電化開通（田島～浅草間が3時間13分で直結される）
10.31	磐越自動車道、郡山～磐梯熱海間開通
11.1	会津若松市、4つ子誕生（1男・3女）
11.23	全日本合唱コンクールで安積女子高校が11年連続金賞受賞

【世相】○海外渡航者、1000万人突破
ことば：「人間の壁」「多国籍軍」「金属疲労」「逆指名」「プッシュホン」「オヤジギャル」「バブル経済」
歌：「千年の古都」「浪漫飛行」「情熱の薔薇」「麦畑」「少年時代」、恋唄綴り」・「おどるポンポコリン」（第32回レコード大賞受賞）
本：『珠玉』開高健、『津田梅子』大庭みな子、『村の名前』辻原登（芥川賞）、『漂泊者のアリア』古川薫（直木賞）
映画：「夢」「天と地と」「少年時代」「櫻の園」／洋画：「フィールド・オブ・ドリームス」「いまを生きる」（米）

1990 (平成2年) 年齢　　歳

私の記録

1991 (平成3年) 辛未／かのとひつじ

世界の出来事

- 1.13 リトアニアにソ連軍軍事介入（血の日曜日事件）
- 1.17 多国籍軍、イラク空爆、「湾岸戦争」勃発
- 2.9 リトアニア独立、国民投票
- 2.27 多国籍軍、クエート解放
- 3.26 韓国、カエル少年事件（蛙を採りに出かけた小学生5人が行方不明に、11年後臥竜山で遺体発見。犯人逮捕に至らず2006年3月25日に時効成立）
- 5.21 インド、ラジーヴ・ガンディー元首相暗殺（スリランカ反政府組織LTTEの犯行）
- 5.29 エリトリア、エチオピアより独立宣言（1993年承認）
- 6.15 フィリピン、ピナトゥボ火山が大噴火
- 6.20 独、首都をベルリンに
- 6.25 スロベニア・クロアチア、ユーゴスラビアより独立
- 6.27 スロベニア、十日間戦争（7月8日に勝利宣言、対ユーゴスラビア）
- 7.1 ワルシャワ条約機構解体
- 7.11 カナダのノリス・エアチャーター便DC-8機がサウジアラビアで墜落、死亡者261人
- 7.15 ロンドン、サミット開幕
- 7.31 米のブッシュ（父）大統領とソ連のゴルバチョフ大統領、第1次戦略兵器削減条約（START1）調印
- 8.6 インターネットwww開設
- 8.19 ソ連、8月クーデター（大統領を軟禁するも失敗に）
- 9.22 クロアチア紛争（1995年まで）
- 12.25 ソビエト連邦崩壊
  《この年、旧共産圏の国々独立相次ぐ（リトアニア・ラトビア・エストニア・スロベニア・クロアチア・エリトリアなど）。特にソビエト連邦崩壊と同時に、ゴルバチョフ大統領も辞任。世界史的にも大きな歴史的転換期となったといえる》

日本の出来事

- 1.1 東京23区の電話番号10桁に
- 1.24 日本政府、多国籍軍に90億ドル（約1兆2000億円）支援決定
- 2.9 福井、関西電力美浜原発で原子炉事故
- 2.23 皇太子徳仁親王、立太子の礼
- 4.1 新東京都庁舎開庁（千代田から新宿へ移動）
- 同 牛肉・オレンジ輸入自由化開始
- 4.16～19 ソ連のゴルバチョフ大統領が来日
- 4.26 海上自衛隊、ペルシャ湾へ掃海艇6隻を派遣
- 5.14 信楽高原鉄道・列車衝突、死者42人
- 6.3 雲仙普賢岳噴火で火砕流発生、死者・行方不明者41人
- 6.20 東北新幹線、上野～東京間開通
- 7.23 イトマン背任事件、河村社長逮捕
- 7.25 秋田自動車道、横手～秋田南間開通
- 8.23 世界陸上選手権（国立霞ヶ丘競技場）
- 9月 新宗教・幸福の科学「講談社フライデー事件（批判記事連載）」訴訟
- 9.11 米空母インディペンデンス、横須賀入港
- 10.3 海部俊樹総理、退陣表明
- 11.5 宮沢喜一内閣発足
- 11.28 日蓮正宗、創価学会を破門

福島県の出来事

- 1.11 会津地方の14市町村を除く県内76市町村ではスパイクタイヤ使用禁止区域に指定（実施は1992年）
- 1.19 登山家・田部井淳子（三春町出身）が南極の最高峰ビンソンマシフ（5140メートル）に登頂し、6大陸最高峰登頂達成
- 1.21 只見川黒谷川上流及び博士山をブナ原生林保護地区を「郷土の森」と命名（前橋営村局発表）
- 3.26 県民栄誉賞創設（第1号は女性で世界初6大陸最高峰登頂達成の登山家・田部井淳子が受賞）
- 4.1 県教委、中高生対象に朝河貫一賞（国際理解交流）と野口英世賞（自然科学研究）を創設
- 4.12 白河市、小峰城三重櫓を120年振りに復元、一般公開
- 6.9 会津若松市長選、山内日出夫（39歳）が当選（当時全国で3番目に若い）
- 6.15 郡山市、塗装会社社長失踪事件（遺体発見、殺害犯逮捕）
- 6.20 東北新幹線、東京乗入開業
- 6.30 第8回世界剣道選手権・カナダ大会で個人戦・武藤士津夫（下郷町）が金メダル
- 7.16 磐越自動車道の景観保全で沿道の広告物規制
- 8.7 磐越自動車道、磐梯まで開通
- 9.8 佐藤栄佐久知事、欧州視察
- 10月 長雨・低温、台風被害等により稲作3年振り不作（指数94）
- 10.22 「お富さん」「別れの一本杉」などが大ヒットした歌手・春日八郎（会津坂下出身）死去、67歳
- 11.5 宮沢内閣閣僚で通産大臣として渡部恒三が入閣
- 11.27 県、21世紀の県民スローガンを「うつくしま・ふくしま」と決定

【世相】ことば：「火砕流」「若貴現象」「重大な決意」「損失補てん」「平成景気」「カード地獄」など
歌：「I LOVE YOU」「ラブストーリーは突然に」、「愛は勝つ」・「北の大地」（第33回レコード大賞受賞）
本：『もものかんづめ』佐々倉桃子、『立原正秋』高井有一、『背負い水』荻野アンナ・『至高聖所（アバトーン）』松村栄子・磐城女高出身（芥川賞）、『緋い記憶』高橋克彦『狼奉行』高橋義夫（直木賞）
映画：「息子」「八月の狂詩曲」「大誘拐」「無能の人」／アニメ映画：「おもひでぽろぽろ」／洋画：「ホームアローン」「ニキータ」「ダンス・ウィズ・ウルブズ」「ゴッドファーザーⅢ」（米）

1991 (平成3年) 年齢　　歳

私の記録

1992（平成4年） 壬申／みずのえさる

世界の出来事

- 1月 国際宇宙基地協力協定（ISS国際宇宙ステーションは米・ロシア・日本・カナダ・欧州宇宙機関〈ESA15ヵ国〉が協力し運用している宇宙ステーション。宇宙および地球の観測、宇宙環境を利用した様々な研究・実験を行うための巨大な有人施設である。地上から400キロ上空にあり、秒速7.7キロで赤道に対して51.6度の角度で飛行。地球を約90分で1周、1日16周する）
- 1.24 イスラエル、中国と国交樹立
- 2.7 マーストリヒト条約（欧州連合の創設を定めた条約、単一通貨・共通外交・安全保障・司法内務協力等）
- 2.8 仏、アルベールビル冬季五輪（同年開催の夏季五輪は今大会が最後となる）
- 4.5 独、夫婦別姓を認定
- 4.7 ボスニア・ヘルツェゴビナ紛争（3年半で死者20万人）
- 4.20～10.12 セビリア万博
- 4.27 ユーゴスラビア解体
- 4.29 米、ロサンゼルス暴動（人種差別問題、陪審制の白人優位が要因とされる）
- 6.3 地球サミット（ブラジル）
- 7.6 第18回サミット、ミュンヘンで開催（旧ユーゴスラビアに関する宣言がなされる）
- 7.25～8.9 バルセロナ五輪
- 8.11 米ミネソタで大型ショッピングモール「モール・オブ・アメリカ」が開業
- 8.24 米フロリダにハリケーン（死者65人、被害額265億ドル）
- 10.17 米ルイジアナ、日本人留学生射殺事件（ハロウィン）
- 10.31 ローマ教皇庁、ガリレオ裁判での誤りを認め、死後350年にして名誉回復
- 11.3 米、ビル・クリントンが大統領選で当選

日本の出来事

- 1.31 大規模小売店舗法施行（イオン等が対象）
- 2.14 東京佐川急便事件、前社長逮捕
- 2.19 経済企画庁、バブル景気終結宣言
- 3.1 暴力団対策法、育児休業法施行
- 3.25 長崎県佐世保市、ハウステンボス開業
- 5.1 国家公務員、週休2日制に
- 5.22 細川護熙氏ら「日本新党」結成
- 6.9 PKO（国連平和維持）協力法成立
- 6.30 漫画家・長谷川町子死去、72歳
- 7.4 第2回ジャパンエキスポ・岩手県「三陸・海の博覧会」開催（入場201万人）
- 7.15 仙台市営地下鉄、泉中央まで開通
- 8.1 JR東日本、山手線全駅で禁煙実施
- 8.11 東京証券取引所、平均株価1万5000円割
- 9.12 毛利衛、スペースシャトル搭乗
- 同 全国公立学校、毎月第2土曜休校に（月1回の学校週5日制スタート）
- 9.30 高エネルギー研究所・森田洋平博士、日本最初のホームページ開設
- 10月 有効求人倍率1.0以下、いわゆる就職氷河期に
- 10.23 天皇、初の中国訪問
- 10.26 三重県、皇學館大學・神道博物館開館（日本初、神道専門の博物館）
- 10.30 大蔵省、都市銀行不良債権総額12.3兆円（9月末）と発表
- 11.3 沖縄県、首里城復元される
- 11.23 風船おじさん、消息不明に
- 12.1 気圧単位、ヘクトパスカル（hpa）に
- 12.12 宮沢改造内閣発足

福島県の出来事

- 1.18 会津若松市、会津大学起工式（コンピュータ理工学部）
- 1.24 仙台高裁、常磐炭鉱じん肺訴訟、和解（じん肺患者83人に対し、4億2000万円の賠償）
- 2.3 県内企業50社協力し県暴力団対策協議会設置（全国初）
- 2.12 磐越道の新中山トンネルで事故、死傷者6人
- 2.17 本県PR「しゃくなげ大使」、画家・大山忠作、作家・早乙女貢ら52人に委嘱
- 3.1 航空自衛隊が平田村に墜落、乗員2人死亡（須賀川出身）
- 4.1 県内農協、JA福島と改称
- 5.7 JR福島駅で東北新幹線と山形新幹線レール締結
- 5.8 国天然記念物イヌワシ、昭和村・博士山で確認
- 5.22 国際指揮者コンクールで本名徹二（郡山出身）が1位に
- 6.18 代議士・斎藤邦吉（3区）死去、82歳
- 6.25 葛尾村、交通事故死ゼロ1万日達成
- 8.9 国道121号線、喜多方～米沢・大峠間開通
- 9.6 県知事選、佐藤栄佐久再選
- 9.19 いわき市開催のソ連国立ボリショイサーカスのライオン逃走。猟友会により射殺
- 9.29 東京電力、福島第1原発2号機の原子炉が自動停止。緊急炉心冷却装置が作動
- 10.31 学法石川高校で創立100周年記念式典（県内最古の私立学校）
- 11.20 福島空港開港
- 11.21 郡山市立美術館開館
- 12.5 中国残留孤児・葵さん、47年振りに川俣町に帰郷

【世相】ことば：「きんさんぎんさん」「ほめ殺し」「はだかのおつきあい」「コケちゃいました」
歌：「涙のキッス」「クリスマスキャロルの頃には」「サライ」「島唄」「放熱への証」（尾崎豊遺作アルバム）、「白い海峡」・「君がいるだけで」（第34回レコード大賞受賞）
本：『さるのこしかけ』さくらももこ、『運転手』藤原智美（芥川賞）、『受け月』伊集院静（直木賞）
映画：「おろしや国酔譚」「ミンボーの女」／アニメ映画：「紅の豚」「ドラえもんのび太と雲の王国」「美女と野獣」（米）／洋画：「JFK」

1992 (平成4年) 年齢　　歳

私の記録

1993 (平成5年) 癸酉／みずのととり

世界の出来事

- 1.1 欧州共同体（EC）、単一市場に
- 同 チェコスロバキア連邦解消、チェコとスロバキアに
- 1.3 米ブッシュ（父）と露エリツィン大統領、第2次戦略兵器削減条約（START Ⅱ）調印
- 1.20 米、クリントンが大統領に就任
- 2.26 米、世界貿易センター爆破事件（地下駐車場）
- 3.12 中国、江沢民が国家主席に選出
- 5.24 エリトリア、独立承認
- 5.29 北朝鮮、ノドン1号試射
- 7.23 米リオ、カンデラリア教会虐殺事件（ストリートチルドレン8人死亡）
- 9.9 イスラエル・パレスチナ解放機構（PLO）オスロ合意（互いの自治政府承認）、仲介は米クリントン大統領（9月13日協定調印）
- 10.3 モスクワで反エリツィン派が市街戦（モスクワ騒乱）
- 10.11 エリツィン大統領訪日
- 10.15 ネルソン・マンデラ氏、ノーベル平和賞受賞
- 11.1 マーストリヒ条約発行、欧州共同体（EC）は欧州連合（EU）に改称

日本の出来事

- 1.13 山形新庄市、明倫中学校で生徒間いじめ「山形マット窒息死事件」
- 1.27 大相撲、曙が外国人初の横綱に
- 2.4 岩手県雫石町、アルペンスキー世界大会（42ヵ国、男女計10種目、日本不振）
- 2.7 能登半島沖地震、M6.6、被害額42億円
- 2.19 荻原健司、ノルディックスキー世界選手権で個人総合優勝（3月6日FISも）
- 3.25 長野自動車道、全線開通
- 同 海上自衛隊、初のイージス艦就役
- 4.8 国連ボランティア（UNV）・中田厚仁、カンボジアで選挙監視中、射殺される
- 4.23 今上天皇皇后、即位後初沖縄訪問
- 5.30 巨人、球団創設以来4000勝達成
- 6.9 皇太子徳仁親王・小和田雅子ご成婚
- 6.18 嘘つき解散（宮沢内閣）
- 6.21〜23 新党さきがけ、新生党結成
- 7.7〜9 第19回サミット（赤坂迎賓館）
- 7.12 北海道南西沖・奥尻島地震、M7.8、死者202人、行方不明者28人、被害額1243億円
- 7.16 横浜、ランドマークタワー開業
- 7.17〜9.26 信州博覧会、230万人来場
- 7.18 第40回衆議院選挙、55年体制崩壊（1955年よりの自民・社会が占めた体制）
- 8.4 官房長官・河野洋平、韓国「慰安婦関係調査結果発表に関する」談話発表
- 8.9 細川護熙内閣発足（1955年体制崩壊）
- 8.10 細川総理「先の戦争は侵略戦争」と明言
- 8.26 港区、レインボーブリッジ開通
- 12.9 日本の法隆寺（奈良県）・姫路城（兵庫県）・屋久島（鹿児島県）・白神山地（青森・秋田県）初の世界遺産登録
- 12.16 元総理・田中角栄死去、75歳

福島県の出来事

- 1.29 県立図書館入館200万人突破
- 2.1 低レベル放射性廃棄物運搬船・青栄丸、福島第1原発に。廃棄物積み6日出航
- 2.8 県内にインフルエンザ猛威
- 2.13 ユニバーシアード冬季大会で女子15キロフリーで星川直美が優勝（猪苗代）
- 3.11 福島交通会長・小針暦二が国会で臨床尋問（「佐川急便事件」に関して）
- 3.20 福島空港開港
- 3.22 いわきの母子、フィリピンのマニラ郊外で殺害される
- 4.1 会津大学開校
- 4.9 いわき光洋高校開校（全日制単位制校、全国初）
- 4.27 県営あづま体育館完成
- 5.8 郡山市、全国青い窓サミット開催
- 5.10 福島市本内郵便局盗難事件、金庫破られ1440万円奪われる
- 5.31 塩屋崎沖で貨物船・タンカー衝突、重油流出
- 7.26 県農協五連・佐藤喜春が全中会長に（本県初就任）
- 7.30 国道294号、勢至堂トンネル開通
- 8.11 大信村村長選で村長逮捕
- 8〜11月 長雨・日照不足で米の作況指数64（最悪凶作）
- 10.1 郡山にジェトロ貿易情報センター開設
- 10.3 細川総理、県北地方の凶作地帯視察
- 11.7 小針暦二（福島民報社長他）死去、79歳
- 11.19 安積女子高合唱団が全日本合唱コンクールで連続14年日本一、金賞受賞
- 12.9 県がゼネコン汚職で大手7社指名停止

【世相】ことば：「Jリーグ」「サポーター」「規制緩和」「天の声」「コギャル」「お立ち台」「親分」
歌：「島唄」「エロティカセブン」「負けないで」「YAH YAH YAH」、「無言坂」（第35回レコード大賞受賞）
本：『清貧の思想』中野孝次、『生きるヒント』五木寛之、『マジソン郡の橋』ロバート・ジェームズ・ウオラー、『マークスの山』高村薫・『恋忘れ草』北原亞以子（直木賞）、『石の来歴』奥泉光（芥川賞）
映画：「月はどっちに出ている」「お引越し」「ソナチネ」「学校」／洋画：「ジュラシック・パーク」

1993 (平成5年) 年齢　　歳

私の記録

1994 (平成6年) 甲戌／きのえいぬ

世界の出来事

- 1.1 北米自由貿易協定(NAFTA)発行
- 1.17 ロス地震、M6.7、死者57人
- 2.4 米、対ベトナム禁輸解除
- 2.12 リレハンメル冬季五輪
- 3.25 米軍、ソマリアから撤兵
- 4.7 ルワンダ、集団虐殺開始(ジェノサイドで100万人以上死亡)
- 4.10 NATO軍、ボスニア紛争、セルビア人勢力を空爆
- 4.26 中華航空140便、名古屋空港で着陸失敗、264人死亡
- 4.26〜28 南アフリカ共和国、アパルトヘイト撤廃(普通選挙実施)
- 5.5 アフリカ民族会議(マンデラ党首第1党に)
- 5.6 英仏、海峡トンネル開通
- 5.9 ネルソン・マンデラが大統領就任
- 5.16 アルメニアvsアゼルバイジャン戦争、停戦協定調印
- 6.15 イスラエル、バチカン市国と国交樹立
- 6.16 ジミー・カーター元大統領と金日成会談(北朝鮮)
- 7.16 シューメーカー・レヴィ第9彗星、G核が20数個の破片に分裂し相次ぎ木星に衝突(核の直径は45〜1270メートル、地球に衝突ならば地球壊滅)
- 7.25 イスラエル・ヨルダン平和協定に調印(1948年以来)
- 9.14 オーストラリア、ヘンドラ感染発生
- 9.28 エストニアMS船、バルト海で沈没、852人死亡
- 11.5 米、レーガンが大統領に就任
- 12.10 チェチェン紛争勃発

日本の出来事

- 1.24 郵便料金値上げ(葉書50円、封書80円に)
- 2.4 H-Ⅱロケット、種子島宇宙センターで打上げ成功(国産技術開発初)
- 3.22 高松高裁、榎井村事件に無罪判決
- 4.8 細川護熙総理、辞任表明(佐川献金)
- 4.19 「開運、なんでも鑑定団」(テレビ東京)放送開始
- 4.25 連立与党(新生・公明・社会)が羽田孜氏を総理大臣に指名
- 4.28 羽田孜内閣発足(わずか2ヵ月政権)
- 6.27 オウム真理教による松本サリン事件
- 6.29 自民党・社会党・新党さきがけが村山富市社党委員長を総理大臣に指名
- 6.30 村山富市内閣発足
- 7.8 第20回ナポリサミットに村山総理出席
- 7.9 日本人初の女性宇宙飛行士・向井千秋、スペースシャトルに搭乗(23日帰還)
- 7.16 青森県三内丸山遺跡、大量遺物出土
- 7.20 村山総理、自衛隊合憲の所信表明
- 8.5 福徳銀行5億円強奪事件(神戸市)
- 8.28 初の気象予報士国家試験実施
- 9.4 関西国際空港開港
- 9.14 住友銀行名古屋支店長射殺事件(未解決のまま時効となる)
- 10.13 大江健三郎、ノーベル文学賞受賞(日本の文化勲章は辞退する)
- 10.16 男鹿市強盗殺人事件(未解決)
- 11.1 平安遷都から1200年記念式典
- 11.25 大洲士祈祷師殺人事件(未解決)
- 11.27 愛知県西尾市、中学生いじめ自殺
- 12.10 新生党・公明党が合流して「新進党」に

福島県の出来事

- 1.3 福医大、人工顕微鏡授精で出産成功と発表、女子誕生
- 1.29 政治改革により本県衆院選挙5区定数12から5に減少
- 2.5 雪の吾妻山で5人遭難死
- 2.23 全中会長・佐藤喜春死去、69歳
- 4.1 古殿町、東白川郡から石川郡に編入
- 5.20 元外相・伊東正義死去、80歳
- 5.21 第1回地域文化サミット開催
- 6.27 県あづま陸上競技場完成
- 6.28 118号事件決審(1991年に郡山塗装会社社長を含む2人が殺害された事件。犯人8人逮捕、3人に死刑求刑。死刑囚は刑執行前に全員病死)
- 7.13 白河市長・今井英二急死、63歳
- 8.6 湯本高校演劇部、日本一に
- 8.15 連日猛暑、福島市で38.8度
- 8.16 会津若松市、猛暑で38.1度に(史上初)
- 8.26 相馬市、いじめにより高校生が自殺
- 8.28 白河市長選、今井忠光が当選
- 8.31 テキサスA&M郡山校閉校
- 9.1 郡山市制70周年記念
- 9.4 福島空港、那覇路線第1便運行開始
- 10.27 昨年の凶作から一転大豊作(作況指数111に、16年振り)
- 11.5 昭和村で19年振り交通事故死(ゼロ連続記録7124日でストップ)
- 11.21 県人口213万人突破
- 12.3 JR常磐線、平駅名を「いわき駅」に
- 12.4 石川町、いじめにより中学生が自殺
- 12.20 地裁郡山支部、本多記念病院に破産宣告
- 12.21 飯坂町、旅館火災(若喜旅館本館全焼)、死者5人
- 12.25 全国中学駅伝大会で石川中学校(男子)が3位入賞

【世相】○10月7日、英のアンドリュー・ワイルズにより「フェルマーの最終定理」証明、360年の歴史的議論に決着。
ことば:「同情するなら金をくれ」「価格破壊」「大往生」「就職氷河期」「ゴーマニズム」
歌:「愛が生まれた日」「ロマンスの神様」「空と君のあいだに」、「innocent world」(第36回レコード大賞受賞)
本:『大往生』永六輔、『日本をダメにした9人の政治家』浜田幸一、『帰郷』海老沢泰久(直木賞)
映画:「忠臣蔵外伝四谷怪談」「居酒屋ゆうれい」／アニメ映画:「平成狸合戦ぽんぽこ」／洋画:「シンドラーのリスト」「クリフハンガー」(米)

1994 (平成6年)　年齢　　歳

私の記録

1995 (平成7年) 乙亥／きのとい

世界の出来事

- 1.1 EUにオーストリア・フィンランド・スウェーデン加盟
- 同 世界貿易機関（WTO）発足
- 1.9 露、チェチェン武力制圧
- 2.26 英、ベアリングス銀行破綻（阪神大震災の影響）
- 3.26 EU内の「人の移動の自由」に関するシェンゲン協定の実施協定発効
- 4.9 ペルー、アルベルト・フジモリが大統領選・再選
- 4.19 米、オクラホマシティ連邦政府ビル爆破事件、死者168人（2001年までで最悪）
- 6.15 カナダ、第21回サミット開催（戦後50年にあたる、IMFの見直し、北朝鮮問題などを討議）
- 6.27 韓国、ソウル三豊デパート崩壊、死者502人
- 7月 ザイール（現コンゴ）でエボラ出血熱発生
- 7.10 ミャンマー軍事政権、アウンサンスーチー軟禁解除
- 7.11 ベトナム、米と国交樹立
- 7.28 ベトナム、ASEAN加入
- 8.25 米マイクロソフト社「Windows95（英語版）」発売
- 9.5 仏、南太平洋で核実験強行
- 10.6 太陽系外の惑星初発見、ペガスス座51番星に惑星
- 11.16 韓国、盧泰愚を逮捕
- 12.3 韓国、全斗煥を逮捕

日本の出来事

- 1.4 オウム真理教被害者の会の会長宅VXガス襲撃事件（オウム真理教信者による犯行）
- 1.17 兵庫県南部地震「阪神淡路大震災」、M7.2、死者6434人、負傷者5万人、午前5時46分に発生
- 2.21 豊後水道、自衛隊機墜落、死者11人
- 2.25 「JET STREAM」（FM東京）の城達也死去、63歳
- 3.20 地下鉄サリン事件発生、死者13人
- 3.22 警視庁、オウム真理教関連施設の強制捜査開始
- 3.30 警察庁長官狙撃事件発生
- 4.9 第13回統一地方選挙、青島幸雄が東京都知事、横山ノックが大阪府知事に
- 4.19 東京外国為替市場、1ドル＝79.75円
- 4.22 全国公立学校、毎月第2・4土曜休日に（学校週5日制）
- 4.23 オウム真理教幹部・村井秀夫が刺殺される
- 4.27 この日以降、殺人事件の時効廃止に
- 4.28 倉敷市児島老夫婦殺人事件発生
- 5.16 オウム真理教教祖・松本智津夫を逮捕
- 7.27 九州自動車道路全線開通、青森〜鹿児島・宮崎間の高速道路連結
- 8.8 村山富市改造内閣発足「戦後50年談話」
- 9.4 沖縄、米兵少女暴行事件
- 9.6〜10 オウム真理教、坂本弁護士一家殺害事件（遺体発見）
- 10.21 沖縄、米兵少女暴行事件抗議総会
- 11.23 「Windows95（日本版）」発売
- 11.27 上越市、いじめを苦に中学1年生が自殺
- 12.6 千葉県、いじめを苦に町立中学2年生が自殺
- 12.8 高速増殖炉もんじゅ、ナトリウム（冷却材）漏えい事故発生
- 12.12 第1回今年の漢字「震」（清水寺）※

福島県の出来事

- 1.1 県人口213万1945人で過去最高となる
- 同 いわき市など全国でモチを喉に詰まらせ死亡する事故が11件起きる
- 1.5 二本松市、国際協力事業団海外協力隊訓練所に182人入所
- 1.18 阪神大震災への義援金募集、支援物資活動実施
- 2.18 第50回国体冬季大会
- 3.1 民間ラジオ「エフエム福島」開局（本放送は10月から）
- 3.24 元建設相・天野光晴死去、87歳
- 4月 石筵ふれあい牧場開園
- 4.1 東日本国際大学開校（いわき市）
- 4.17 福島医大、生体肝移植成功
- 5.18 会津若松の童劇「ブーボ」サントリー地域文化賞受賞
- 5.25 東北電力、柳津西山地熱発電所営業運転開始
- 7.5 須賀川市、女祈祷師宅6人変死事件
- 8.2 磐越自動車道、いわき〜郡山間開通
- 8.2〜3 中通り・会津豪雨被害
- 8.3 尾瀬保護財団発足
- 8.15 戦後50年で平和を祈る催しが各地で行われる
- 10.25 文化功労章、版画家・斎藤清（柳津在住）と民俗芸能研究・本田安治（本宮出身）に
- 11.13 福島空港、2500メートル滑走路起工

【世相】○この年より「日本漢字能力検定協会」がその年をイメージした漢字1字を全国より公募。京都・清水寺の貫主のご揮毫により毎年12月12日に発表されることとなった。　○本年は戦後50年記念行事多数。　ことば：「がんばろうKOBE（神戸）」「無党派」「安全神話」「官官接待」「ああ言えば上祐」「まっいっか」「ハルマゲドンあおる」「マインドコントロール」「インターネット」「震」　歌：「ロビンソン」「ズルい女」「WOW WAR TONIGHT」「奇跡の地球」「TOMORROW」「HELLO」「Overnight Sensation〜時代はあなたに委ねてる〜」（第37回レコード大賞受賞）　本：『豚の報い』又吉栄喜（芥川賞）、『テロリストのパラソル』藤原伊織・『恋』小池真理子（直木賞）　映画：「学校の怪談」／アニメ映画：「耳をすませば」「ドラえもんのび太の創世日記」／洋画：「マディソン郡の橋」（米）、「アポロ13」（米）

1995 (平成7年)　年齢　　歳

私の記録

1996 (平成8年)　丙子／ひのえね

世界の出来事

- 1.11 NASA、エンデバー打上げ（運用技術者として若田光一が搭乗）
- 1.17 チェコ、EU加盟申請
- 2.10 IBMコンピューター、チェスでガルリ・カスパロフ（アルゼンチンの元チェス選手）に勝利
- 4.25 北京で露・中首脳会談
- 4.28 オーストラリアのタスマニアでポートアーサー事件、死者35人
- 5.8 南アフリカ共和国憲法制定（全人種の平等などを規定）
- 5.27 チェチェン紛争終結
- 6.8 中国が核実験、広島市長抗議
- 7.5 英、世界初クローン羊誕生
- 7.17 米、トランスワールド航空機がニューヨーク沖に墜落、死者230人
- 7.19～8.4 アトランタ五輪開催
- 7.27 五輪で爆弾テロ、死者2人
- 8.22 米クリントン大統領、個人責任で社会福祉改革断行
- 8.28 英、チャールズ皇太子とダイアナ皇太子妃離婚成立
- 9.10 国連総会、包括的核実験禁止条約（CTBT）採択
- 9.18 北朝鮮ゲリラ、韓国侵入「江陵沖浸入事件（東海岸）」
- 11.12 インド、旅客機空中衝突事故、死者312人（アラビア・カザフスタン航空、ニューデリー）
- 12.17 ペルー日本大使館を左翼ゲリラが占拠（1997年4月22日人質225人解放、フジモリ大統領が陣頭指揮）

日本の出来事

- 1.5 村山総理退陣表明・内閣総辞職
- 1.11 橋本龍太郎内閣発足
- 1.19 日本社会党、「社民党」に改称
- 2.10 北海道、豊浜トンネル事故、乗用車・路線バス客ら20人死亡
- 2.14 羽生善治、将棋タイトル7冠王に
- 2.16 菅直人厚相、薬害エイズ事件で血友病患者に直接謝罪（謙虚さが話題に）
- 3.14 ミドリ十字社謝罪（東京・大阪地裁和解、薬害エイズ事件）
- 4.1 東京ビックサイト（東京国際展示場）オープン
- 同 国内初の商用検索サイト「Yahoo! JAPAN」がサービスを開始（同日、日本初のインターネット株取引を大和証券が開始）
- 同 宇都宮・静岡・金沢・新潟など12都市「中核都市」に
- 同 「らい予防法の廃止」の法律、施行
- 7.13 堺市、大腸菌O-157による集団食中毒、死者3人（学校給食が原因）
- 7.20～8.4 アトランタ五輪、日本もメダル獲得（金3・銀6・銅5）
- 7.20 この日から「海の日」施行
- 8.4 俳優・渥美清死去、68歳（9月3日に国民栄誉賞）
- 8.8 東京オペラシティ完成（西新宿）
- 8.14 橋本総理、従軍慰安婦問題でフィリピンに謝罪
- 9.14 広島、タクシー運転手が強盗目的で4人殺害
- 9.26 母体保護法施行
- 9.28 民主党結成、代表菅直人・鳩山由紀夫
- 9.30 阪神高速3号神戸線、全面復旧
- 10.20 第41回衆議院総選挙・小選挙区比例代表並立制採用の初の選挙
- 11.5 第2次橋本龍太郎内閣発足
- 11.21 北海道、雌阿寒岳噴火
- 12.5 原爆ドーム・厳島神社、世界遺産に

福島県の出来事

- 1.10 橋本内閣、国土庁長官に、参議院・鈴木和美（郡山出身）
- 3.7 佐藤栄佐久県知事のもと、首都圏機能移転気運高まる。宮城・茨城・栃木の4県と連絡協議会結成
- 3.12 常磐じん肺訴訟全面和解
- 3.26 「うつくしま未来博」協会発足（2001年開催へ向け始動）
- 4.1 日本医師会長に坪井栄孝氏（郡山・坪井病院理事長）
- 4.19 湯川町、勝常寺・薬師三尊像が国宝に指定
- 7.19 アトランタ五輪、本県出身の恵本裕子が柔道で金メダル他
- 8月 県内にO-157（大腸菌）患者が出る
- 9.8 知事選、佐藤栄佐久が3選
- 10.17 磐越自動車道、西会津まで開通
- 10.31 第16回国勢調査（県人口213万3592人、世帯数65万3814戸）
- 11.3 本県公選第4代知事・木村守江死去、96歳（1976年8月6日福島地方検察庁に賄賂罪で逮捕、担当検事は宗像紀夫・三春町出身）
- 同 薬害エイズ問題で県が非加熱製剤投与の医療機関37施設を公表（ミドリ十字社製造の血液凝固因子製剤を使用した施設）
- 11.7 第2次橋本内閣の衆議院副議長に渡部恒三

【世相】○今年の漢字「食」（O-157による集団食中毒、税金・福祉を食いものにする汚職など）
○福島第1原子力発電所誘致／前任知事・佐藤善一郎、東京電力社長・木川田一隆（梁川町出身）により
ことば：「閉塞感」「自分で自分をほめたい」「ルーズソックス」「メークドラマ」「無作為責任」
歌：「愛の言霊」「チェリー」「田園」、「Don't wanna cry」（第38回レコード大賞受賞）
本：『蛇を踏む』川上弘美・『家族シネマ』柳美里・『海峡の光』辻仁成（芥川賞）、『凍える牙』乃南アサ（直木賞）
映画：「Shall we ダンス？」「キッズ・リターン」「眠る男」「7月7日、晴れ」／洋画：「インデペンデンス・デイ」「ミッション・イン・ポッシブル」（米）

1996 (平成8年)

年齢　　　歳

私の記録

1997 (平成9年) 丁丑／ひのとうし

世界の出来事

1.1	国連事務総長にガーナのコフィー・アナンが就任
1.2	ナホトカ号重油流出事故（島根隠岐島沖に6240キロリットルが流出）
4.22	ペルー、日本大使公邸占拠事件（1996年12月17日事件発生）特殊部隊突入、人質全員解放、犯人14人射殺
5.1	英、下院選挙で労働党勝利（ブレアが首相に就任）
5.11	IBMコンピューター、チェス世界チャンピオン破る
6.20	米デンバーで第23回サミット
7.1	香港、英より返還
7.2	アジア通貨経済危機（タイのバーツが対ドル価で大暴落、為替変動制へ移行）
7.4	米、火星探査機が火星着陸
7.24	ラオス、ASEANに加盟
8.4	仏、ジャンヌ・カルマン死去、122歳（世界最高齢）
8.6	大韓航空機801便がグアムに墜落、死者228人
8.31	ダイアナ元英皇太子妃、パリで事故死、36歳
9.5	インド、マザーテレサ死去、87歳
9.18	オスロ、対人地雷全面禁止条約を採択
9.26	米アップル「MacOS」発売
10.8	金正日、朝鮮労働党総書記に就任
12.1	日本で京都議定書採択（地球温暖化防止国際会議）
12.19	韓国、新政治国民会議、大統領選挙で金大中が当選、政権交代へ

日本の出来事

1.29	オレンジ共済組合事件（参議院議員の友部達夫が93億円詐欺で逮捕、有罪）
2.19	神戸連続児童殺傷事件（2人死亡、3人重軽傷、犯人は「酒鬼薔薇」と名乗った14歳）
3.15	岡山自動車道、全線開通
3.19	東電OL殺人事件（渋谷・円山町）
3.22	秋田新幹線、盛岡〜秋田間開業
3.30	三井三池鉱山閉山（108年の歴史に幕）
4.1	消費税3％から5％に増税実施
同	JRグループ創立10周年
4.2	最高裁、愛媛県靖国神社玉串訴訟で違憲判決（政教分離が争点に）
5.14	アイヌ新法を公布・北海道旧土人保護法廃止
7.10	鹿児島、出水市豪雨被害、死者21人
7.12	映画「もののけ姫」劇場公開
8.28	神戸市、中野会組員による山口組若頭射殺事件（一般人が1人巻き添えで死亡）
9.11	第2次橋本龍太郎改造内閣発足
9.16	台風19号鹿児島上陸、死者10人
9.18	ヤオハン倒産、世界15ヵ国に店舗（負債額1613億円、会社更生法申請）
10.1	長野新幹線（北陸）、高崎〜長野間開業
10.16	臓器移植法施行
11.3	三洋証券破綻（証券会社初の倒産）
11.17	北海道拓殖銀行破綻（都市銀初）
11.24	山一證券破綻
11.26	徳陽宮城銀行破綻
12.17	介護保険法制定
12.18	東京湾アクアライン開通

福島県の出来事

4.1	郡山市を含む5市が中核都市に（秋田・和歌山・長崎・大分）
5.25	浜通り大雨被害、いわき市地区の排水タンク傾く
5.31	民主党福島が発足、代表に玄葉光一郎を推薦
7.20	Jヴィレッジが楢葉・広野町にオープン
7.25	いわき・らら・ミュー開店
8.18	皇太子ご夫妻、静養の為4度目の来県
8.21	初の「県民の日」実施
9.15	安達太良山で登山者4人が火山性ガスにより中毒死
9.16	フィギュアスケートで郡山市出身・本田武史選手が長野冬季五輪の代表に
9.30	和牛預託商法違反で都路村牧場など強制捜査（県警）
10.1	磐越自動車道、全線開通
10.15	いわき市、開業医県内初の生体肝移植手術成功（ベット数19床以下の病院での手術成功は全国で2例目）
10.19	佐藤栄佐久知事、北南米4ヵ国訪問（11月2日まで）
11.13	西郷村、精障者更生施設保護者ら医師法違反で告発
11.14	版画家・斎藤清死去、90歳
11.26	県不正支出、29億6000万円

【世相】○今年の漢字「倒」（相次ぐ企業倒産、銀行の破綻、一方FIFAワールドカップで日本が強豪を倒しアジア地区予選突破）
ことば：「失楽園」「たまごっち」「ガーデニング」「もののけ姫」「パパラッチ」「透明な存在」
歌：「硝子の少年」「HOWEVER」「hate tell a lie」「FACE」、「CAN YOU CELEBRATE?」（第39回レコード大賞受賞）
本：『少年H』妹尾河童、『失楽園』渡辺淳一、『水滴』目取真俊（芥川賞）、『女たちのジハード』篠田節子・『鉄道員（ぽっぽや）』浅田次郎（直木賞）
映画：「鬼火」「うなぎ」「東京夜曲」／アニメ映画：「もののけ姫」／洋画：「スター・ウォーズ《特別編》」（米）、「タイタニック」（米）

1997 (平成9年) 年齢　　歳

私の記録

1998 (平成10年) 戊寅／つちのえとら

世界の出来事

- 2.25 韓国、金大中が大統領に就任
- 3.17 中国、朱鎔基が首相に選出
- 5.4 インドネシア暴動発生
- 5.11 インド、2度目の核実験
- 5.21 インドネシア、スハルト大統領が辞任
- 5.28 パキスタン、初核実験
- 6.3 独、超高速列車ICE脱線、死者101人
- 6.10 仏、FIFAワールドカップ開催(日本初出場、開催国の仏がブラジルを破り優勝)
- 6.25 クリントン大統領、北京訪問
- 7.6 香港国際空港開港
- 7.17 オランダ・ハーグ「国際刑事裁判所」規定採択
- 8.7 ケニア、ナイロビの米大使館テロ、247人死亡
- 8.15 北アイルランド、オマ爆弾テロ、28人死亡
- 8.17 露、財政危機はじまる
- 8.31 北朝鮮、テポドン発射
- 9.5 金正日が北朝鮮最高指導者に
- 10.27 独、シュレーダー政権に
- 10.30 ハッブル宇宙望遠鏡撮影のHR8799のb/c/dに太陽系外惑星が映る

日本の出来事

- 1.9 奈良県天理市、黒塚古墳で三角縁神獣鏡発見(33面の多量出土)
- 2.2 郵便番号の7桁化開始
- 2.7 長野冬季オリンピック開幕
- 3.5 長野冬季パラリンピック開幕
- 3.6 奈良県明日香村、キトラ古墳で四神の白虎図・天文図を発見
- 4.5 明石海峡大橋開通
- 6.22 金融監督庁発足(国務大臣)
- 7.25 和歌山毒物カレー事件、4人死亡
- 7.30 小渕恵三内閣発足
- 8.22 第80回全国高校野球選手権大会で横浜高校の松坂大輔が決勝でノーヒット・ノーラン達成(59年振り、2人目)
- 8.25 米マイクロソフト「Windows98(日本語版)」発売
- 8.31 当日限りで原宿の歩行者天国廃止に
- 同 北朝鮮のテポドン、三陸沖に着弾
- 9.14 台風5号、静岡県に上陸、死者7人
- 9.21 台風7号、紀伊半島上陸、死者18人
- 9.30 岐阜ホステス殺害事件、犯人逮捕(指名手配されてから14年に及ぶ逃亡)
- 10.8 金大中韓国大統領、日本訪問(総理が植民地支配の反省とお詫びを表明)
- 10.17 台風10号、鹿児島県枕崎市上陸、死者14人、行方不明者1人、負傷者68人
- 11.13 前年破綻した北海道拓殖銀行が、北洋銀行と中央信託銀行として営業開始
- 11.25 江沢民中国国家主席、日本訪問
- 12.1 特定非営利活動促進法NPO施行
- 同 国際電電廃止しKDDI(株)に

福島県の出来事

- 1.14 1997年の交通事故死者が198人に(1987年以来10年振りに200人下回る)
- 1.14 県の公費不正支出返還額、26億5428万円
- 1.16 「首都機能移転調査対象」「北東」など3地域が候補に
- 2〜6月 帝京安積高教諭への脅迫・銃撃事件、6人逮捕
- 4.8 常磐自動車道、富岡〜相馬間開通
- 7.16 献血運動推進全国大会に皇太子ご夫妻来県、臨席
- 7.31 福島空港2500メートルの滑走路完成(国際線受け入れ可能に)
- 8.8 郡山勤労者山岳会、カラコルム登山隊遭難
- 8.10 福島高校創立100周年で同校山岳部OB会が天山山脈の未登峰登頂に成功
- 8月 県内梅雨明け宣言なし
- 9.16 台風5号の影響で福島市の荒川が氾濫、新聞社の印刷センターが浸水被害
- 8〜11月 県南中心に集中豪雨・台風被害多発、死者11人
- 10〜11月 全国の音楽コンクールで本県勢大活躍
- 10.13 「ビックパレット福島」県産業交流館、郡山に開設
- 10.26 県内の水稲、予想収穫40万トンに
- 11.2 本県「プルサーマル」受入れ合意
- 11.11 県がいわき市沼部の廃油ドラム缶撤去の代執行に着手
- 11.17〜18 しし座流星群、県内各地でも観測会

【世相】○今年の漢字「毒」(和歌山毒物カレー事件、ダイオキシンなどの不安、環境ホルモンなど)
ことば:「だっちゅーの」「貸し渋り」「老人力」「冷めたピザ」「日本列島総不況」「スマイリング・コミュニスト」「毒」
歌:「長い間」「HONEY」「タイミング」「全部だきしめて」、「wanna Be A Dreammaker」(第40回レコード大賞受賞)
本:『日蝕』平野啓一郎・『ゲルマニウムの夜』花村萬月・『ブエノスアイレス午前零時』藤沢周(芥川賞)、『理由』宮部みゆき・『赤目四十八瀧心中未遂』車谷長吉(直木賞)
映画:「HANA-BI」「愛を乞う人」「カンゾー先生」「CURE」／洋画:「タイタニック」(米)

1998 (平成10年) 年齢　　歳

私の記録

1999（平成11年） 己卯／つちのとう

世界の出来事

- 1.1 EU単一通貨・ユーロ導入
- 1.7 米上院、クリントン大統領に対し弾劾裁判開始
- 1.25 南米コロンビア大地震、死者1000人以上
- 3.16 ユーロ不祥事（欧州委員会委員のエディット・クレッソンが書類偽造発覚の責任を取りサンテール委員会が総辞職。新たにマヌエル・マリンを委員長とする欧州暫定委員会設立）
- 3.24 NATO軍、ユーゴスラビア空爆（コソボ紛争制裁）朱鎔基中国首相、訪米
- 4.6 米コロラド州の高校で生徒2人が銃乱射、死者15人
- 4.20 カンボジア、東南アジア諸国連合（ASEAN）に加盟
- 4.30 アムステルダム条約発効（EUの基本条約）
- 5.1 中国、法輪功を非合法化
- 7.22 トルコ西部地震
- 8.17 EUプローディ委員会発足
- 9.14 台湾大地震、死者2415人
- 9.21 オーストラリア、共和制移行国民投票（英の君主制下存続に決定）
- 11.6 第3回世界貿易機関閣僚会議（米シアトル会議）先進国・発展途上国間の対立で合意に至らず
- 11.30 ベトナム、ミーソン聖域、世界遺産に
- 12.4 マカオ、ポルトガルより中国に返還される
- 12.20 露、エリツィン大統領辞任
- 12.31 パナマ運河、米が返還

日本の出来事

- 1.8 第77回全国高校サッカー選手権大会決勝（東福岡が帝京下し2連覇）
- 1.14 小渕恵三改造内閣発足（自民自由連立）
- 1.19 奈良飛鳥池遺跡から「富本銭」発掘（日本最古の通貨、和同より古い683年頃に鋳造）
- 2.28 臓器移植法施行後初の脳死臓器移植手術実施（高知県）
- 3.3 日本銀行、ゼロ金利政策実施
- 3.23 日本海で不審船、北朝鮮の港へ逃走
- 3.31 医薬品規制暖和、栄養ドリンク解除
- 4.1 日本、コメ関税化（市場開放）
- 4.11 石原慎太郎東京都知事に
- 4.14 山口県光市母子殺害事件（犯人は18歳）
- 5月 ガソリンレギュラー、1リットル90円に
- 5.14 ナンバープレート希望番号制に
- 5.24 周辺事態法（日米新ガイドライン）成立
- 6.1 ソニー、子犬型ペットロボット発売
- 6.23 男女共同参画社会基本法成立
- 7.1 NTT（東・西・コミュニ）分割
- 7.16 ダイオキシン対策特別処置法制定
- 7.23 全日空61便ハイジャック事件（機長刺殺され犯人操縦、乗客取押え）
- 8.9 国旗・国歌法成立
- 8.12 組織犯罪対策三法（盗聴法など）成立
- 同 住民基本台帳法改正
- 8.14 神奈川、玄倉川中洲水難事故、死者13人
- 9.8 池袋通り魔殺人事件、死者2人
- 9.29 下関駅通り魔事件、死者5人
- 9.30 東海村JCO臨界事故、死者2人
- 10.26 桶川ストーカー事件（警察の対応が問題に、「ストーカー規制法」ができるきっかけに）
- 11.10 国会初の党首討論（小渕vs鳩山）
- 12.31 ミレニアム・カウントダウン問題に

福島県の出来事

- 1.24 全国都道府県対抗男子駅伝で本県チーム準優勝
- 2.1 北塩原村、地域振興券公布
- 2.27 阿武隈川「平成の大改修」（宮城県境〜須賀川区間、129キロ）
- 3.7 駒沢大・藤田敦史（東村出身）「びわ湖毎日マラソン大会」で2位入賞（2時間10分7秒、学生記録を20年振りに更新）
- 3.25 松川浦漁港、アジア系外国人集団密入国事件
- 3.27 4大陸フィギュアスケート選手権で本田武史（郡山）が男子シングルスで優勝
- 4.1 いわき市、中核都市指定
- 6.14 福島医大、初の脳死移植
- 6.17 福島空港、国際定期便・福島〜上海・ソウル便就航
- 7.7 県農業土木汚職事件、県農地建設課長と業者を逮捕
- 9.13 天皇皇后両陛下ご来県、昨年夏の豪雨被害復興ご視察
- 9.27 東京電力福島第1原発にMOX（ウラン・プルトニウム混合燃料）搬入
- 10.13 東海村の臨界事故の余波広がる
- 10.15 会津若松市、市制100周年
- 10.15 次期世界医師会長に坪井栄孝（郡山市）選任
- 10.26 日本画家・大山忠作（二本松市）が文化功労者賞に
- 10.30 全日本合唱コンクールで安積女子高校が20年連続金賞
- 12.4 山形新幹線、新庄まで開通
- 12.20 首都機能移転候補地決定（栃木、福島）

【世相】○今年の漢字「末」（世紀末、東海村JCO臨界事故、来年への末広がりの期待を込めて）
ことば：「ノストラダムスの大予言」「ブッチホン」「リベンジ」「学級崩壊」「カリスマ」「ミッチー・サッチー」
歌：「だんご3兄弟」「フラワー」「LOVEマシーン」「Automatic」、「Winter, again」（第41回レコード大賞受賞）
本：『五体不満足』乙武洋匡、『本当は恐ろしいグリム童話』桐生操、『葡萄の棲みか』玄月、『夏の約束』藤野千夜（芥川賞）、『王妃の離婚』佐藤賢一、『柔らかな頬』桐野夏生・『長崎ぶらぶら節』なかにし礼（直木賞）
映画：「菊次郎の夏」「ゴジラ2000 ミレニアム」「鉄道員ぽっぽや」／洋画：「マトリックス」（米）、「スターウォーズ・エピソードⅠ」（米）

1999 (平成11年) 年齢　　歳

私の記録

2000 （平成12年） 庚辰／かのえたつ

世界の出来事

1.15	ボリビア、コチヤバン水紛争（水道利権に関する）
5.7	露、プーチンが大統領に就任
6.1	独、ハノーバー万博開催
6.13	朝鮮半島、初の南北首脳会談（金大中 vs 金正日）
6.26	ヒトゲノム（ヒトの遺伝情報の1セット）、ドラフト配列解読終了宣言（23番染色体）
7.21	沖縄、第26回サミット開催
7.26	仏、コンコルド墜落事故（郊外ホテルに墜落、死者114人）
8.12	露、原子力潜水艦事故（バレンツ海で航行不能に、死者118人）
9.15	オーストラリア、シドニー五輪開幕（女子マラソンで高橋尚子が金メダル）
10.6	ユーゴスラビア、ミロシェビッチ政権崩壊
10.8	リトアニアで議会選挙
10.12	イエメン、米艦襲撃事件（アルカイダによるテロ、死者17人）
10.29	レバノン、サッカーアジアカップ開催（日本が優勝）
10.31	シンガポール航空機墜落、台湾国際空港からの離陸失敗、死者83人
11.11	オーストリア、ケーブルカー火災事故、死者155人（トンネル内での事故、日本人10人を含む）
11.20	ペルー、フジモリ政権崩壊
12.30	マニラ、連続爆弾テロ（死者22人、大統領弾劾など）

日本の出来事

1.1	コンピューター関連「2000年問題」、大事に至らず無事通過
1.10	「ハッピーマンデー」最初の適用、成人の日（これまで1月15日）が適用になり3連休に
1.28	新潟少女監禁事件（9年2ヵ月に渡る監禁）
2.6	大阪府知事選、太田房江が当選（日本初の女性知事）
2.29	コンピューター、閏日事故発生
3.11	徳島自動車道全線開通（四国4県を結ぶ）
3.27	第1回教育改革国民会議（総理決済）
3.31	北海道、有珠山が23年振りに噴火
4.1	地方分権一括法・民事再生法・介護保険制度施行
4.4	小渕恵三内閣総辞職（4月2日総理が緊急入院）
4.5	森喜朗内閣発足、全閣僚再任
5.3	西鉄バスジャック事件（死者1人）
5.15	森総理「神の国」発言（神道政治連）
5.24	ストーカー規制法公布
6.1	大規模小売店舗立地法施行
6.10	群馬県太田市の化学工場爆発事故、死者4人（爆発音30キロに及ぶ）
6.29	雪印集団食中毒事件（近畿地方）
7.8	三宅島雄山噴火（9月2日全島避難）
7.19	「新紙幣2000円札」発行（2000年を記念して）表・沖縄首里城、裏・紫式部と源氏物語
8.14	大分一家6人殺傷事件（犯人15歳）
9.11	東海地方で記録的豪雨、死者10人（静岡・岐阜・愛知・三重で被害額2700億円）
10.6	鳥取県西部地震、M7.3、損害額485億円
10.10	白川英樹（筑波大）がノーベル賞化学賞受賞決定
11.5	栗原市、上高森遺跡でねつ造発覚
12.30	世田谷一家殺害事件（未解決事件）

福島県の出来事

1.7	東京電力福島第1原発3号機で実施予定だったプルサーマル計画延期に
1.29	長野県開催のフリースタイルW杯デアモーグルで附田雄剛（猪苗代）が優勝
5.24	大東銀行郡山開成支店で現金輸送車襲撃事件、嘱託社員が銃撃され死亡、200万円奪われる
5.31	心臓病治療の為渡米した三本松幸子（高3）の手術成功
7.13	福島空港、2500メートル滑走路供用開始
7.15	アクアマリン・海洋科学館オープン（いわき市小名浜）
8.2	磐梯山で火山性地震頻発（17日入山規制、9月23日解除）
9.3	県知事選、佐藤栄佐久4選
9.17	第24回全国育樹祭（猪苗代）皇太子ご夫妻臨席
10.6	坪井栄孝（郡山市）が世界医師会長に就任
10.28	全日本合唱コンクールで安積女子高21年連続金賞（文部大臣奨励賞）、会津女高も金賞
11.5	石器ねつ造発覚事件に関連し、安達町の一斗内松葉山遺跡も確認再調査がなされる
11.11	オーストリア、アルプス山岳ケーブルカー火災事故で猪苗代中スキー部員6人死亡

【世相】〇今年の漢字「金」（シドニー五輪で女子マラソン・高橋尚子と柔道・田村亮子が金メダルを獲得したことなど）
ことば：「おっはー」「最高で金（きん）最低でも金」「Qちゃん・めっちゃ悔しーい」「私的には…」
歌：「桜坂」「今夜月の見える丘に」「らいおんハート」「サウダージ」、「TSUNAMI」（第42回レコード大賞受賞）
本：『熊の敷石』堀江敏幸・『聖水』青来有一・『花腐し』松浦寿輝・『きれぎれ』町田康（芥川賞）、『プラナリア』山本文緒・『ビタミンF』重松清・『虹の谷の五月』船戸与一・『GO』金城一紀（直木賞）
映画：「御法度」「顔」「バトル・ロワイヤル」／アニメ映画：「きかんしゃトーマス魔法の線路」／洋画：「スペース・カーボーイ」（米）

2000 (平成12年) 　年齢　　歳

私の記録

2001 (平成13年) 辛巳／かのとみ

世界の出来事

- 1.1 ギリシャ、ユーロ導入
- 1.21 米、G・ブッシュが大統領に就任
- 1.26 インド西部地震、死者2万人
- 2.22 コロンビア、邦人誘拐殺害（日本企業副社長、遺体で発見）
- 4.1 南シナ海で米軍機が中国軍機と接触、緊急着陸
- 同 オランダ、同性結婚法施行
- 6.2 ネパール王族殺害事件
- 6.11 米、オクラホマ連邦政府ビル爆破事件、死者168人（これまでのテロ事件で最大）
- 8.3～12 カナダ、世界陸上大会開催
- 9.9 コンピューター・システム上で「2001年9月9日問題」発生（秒数の桁が9桁から10桁になることで発生するプログラムの不具合、個々で多少の支障はあったが全体的には大きな事態にはいたらなかった）
- 9.11 米、同時多発テロ（4機の航空機をハイジャック、NY貿易タワービルに突入しビルが崩壊、死者3000人以上）
- 10.8 米軍、アフガン侵攻開始（米・英が協力し、米の同時多発テロの首謀者ウサマ・ビン・ラディンが潜伏するとされるアフガニスタンへの空爆開始、日本は自衛隊を難民救済の目的で派遣する）
- 10.11 米フロリダ、炭疽菌テロ
- 10.23 米アップル「iPod（デジタルオーディオプレーヤー）」発売
- 10.25 米マイクロソフト「Windows XP」発売
- 11.12 アメリカン航空587便墜落、死者265人（原因は乱気流）

日本の出来事

- 1.1 この日より3000年紀、21世紀
- 1.6 中央省庁再編、1府22省庁から1府12省庁へ再編統合（環境省など）
- 同 仙台市の北陵クリニックで筋弛緩剤を混入し患者殺害未遂事件、5人が重体
- 1.26 JR山手線新大久保駅でプラットフォームに男性転落、救助しようとしたカメラマンと韓国人留学生含め3人死亡
- 2.9 愛媛県立宇和島水産高校実習船がハワイ沖で米潜水艦と衝突、9名死亡（えひめ丸事故）
- 3.21 量的金融緩和政策開始（日銀が紙幣増発し国債や手形を買う）
- 3.24 芸予地震、M6.7、死者2人、重軽傷者288人、損害額193億円（史上6番目の大地震）
- 4.2 避難訓練の標語告示「お・か・し・も」（押さない・駆けない・喋らない・戻らない）
- 4.26 小泉純一郎、第87代総理大臣に就任
- 7.20 日本アニメ映画「千と千尋の神隠し」が話題に
- 7.24 関東甲信地方猛暑、前橋市で40.0度、静岡県佐久間町で40.2度（記録更新）
- 8.13 小泉総理、靖国参拝（中国・韓国が反発）
- 8.22 台風11号、紀伊半島上陸、死者6人
- 8.29 種子島宇宙センターよりH-2A試験機打上げ、成功
- 9.1 歌舞伎町、雑居ビル火災、死者44人
- 9.4 東京ディズニー・シー開園
- 9.11 台風15号、関東地方上陸、死者・行方不明者8人、負傷者48人
- 10.10 野依良治、ノーベル化学賞受賞決定
- 12.1 皇室、愛子内親王誕生
- 12.22 九州南西海域工作船密入国事件（日本近海で北朝鮮の工作船が日本人を拉致）

福島県の出来事

- 1.1 21世紀幕開けで県内各地多数イベントが開催された
- 1.4 記録的大雪で各地混乱（会津若松市で観測史上3番目の積雪を記録）
- 1.6 歯科医師国家試験問題漏えい疑惑、奥羽大元教授逮捕
- 1.18 男女共同参画拠点施設「県男女共生センター」が二本松市にオープン
- 2.26 佐藤栄佐久知事、東京電力福島第1原発3号機のプルサーマル実施を当分見合せる考えを示す（東京電力に不信）
- 3.25 安積高校が21世紀枠で初の選抜甲子園に出場を果たすも惜敗
- 3.27 あぶくま高速道路、矢吹～玉川間開通（10.5キロ）
- 3.29 東京電力の広野火力発電所5.6号の増設計画も繰り延べに
- 7.7～9.30「うつくしま未来博」開催（入場者165万7002人に）
- 7.17 三春町福聚寺の玄侑宗久が『中陰の花』で芥川賞受賞
- 7.27 福島医大付属病院で脳死患者からの膵臓・肝臓の同時移植（東北初）
- 9.7 白河布引山演習場で陸上自衛隊が誤射
- 10月 郡山市、自営業者殺人が保険金殺人事件に発展
- 10～11月 全日本合唱コンクールで金賞相次ぐ
- 11.28 大相撲で本県縁の栃東が大関に昇進

【世相】○福島県では大型店などの破産や閉鎖が相次ぐ（民事再生法適用など）　○今年の漢字「戦」（米同時多発テロ、対テロ戦争、米のアフガニスタン侵攻）
ことば：「米百俵」「聖域なき改革」「恐れず怯まず捉われず」「骨太の方針」「明日があるさ」「抵抗勢力」「狂牛病」
歌：「PIECES OF A DREAM」「アゲハ蝶」「天体観測」「白い恋人たち」、「DEAREST」（第43回レコード大賞受賞）
本：『中陰の花』玄侑宗久・『猛スピードで母は』長嶋有（芥川賞）、『肩ごしの恋人』唯川恵・『あかね空』山本一力・『愛の領分』藤田宜永（直木賞）　　映画：「GO」「ホタル」「ユリイカ」／アニメ映画：「千と千尋の神隠し」／洋画「A.I.」（米）

2001 (平成13年) 年齢　　歳

私の記録

2002 (平成14年) 壬午／みずのえうま

世界の出来事

1.1	ユーロ紙幣硬貨、流通開始
1.29	米G・ブッシュ大統領「悪の枢軸国」の発言
2.8	米ソルトレイクシティ五輪開催
3.16	仏、マルヌにディズニーランド開演（パリに次ぐ）
4.15	中国国際航空129便墜落事故、金海空港に着陸失敗、死亡者128人
5.2	露軍、カムラン湾より撤退
5.7	中国北方航空放火墜落事件、死者112人、犯人自殺
5.8	北朝鮮亡命者、中国の日本国領事館に駆け込む事件
5.20	東ティモール独立
6.5	Mozilla 1.0 リリース
7.9	AU（アフリカ連合）発足
7.11	欧州人権裁判所、性転換者の性別訂正訴訟を認定
同	アフリカのチャドで700万年前の最古の猿人化石を発見
7.30	リトアニアで日本建築フォーラム開催
8.24	米 アップル「Mac OS X 10.2」発売
8.26	ヨハネスブルグで地球サミット2002が開催、「持続可能な開発」がテーマ
9.10	スイス、国連に加盟（同月に東ティモールも加盟し191ヵ国に）
10.4	北朝鮮が「6ヵ国枠組み合意」を破り、再核開発
10.12	バリ島、爆弾テロ、死者202人
10.23	露のモスクワ劇場占拠事件、チェチェン武装集団によるテロ（観客・犯人含め171人死亡）
11.14	アルゼンチン、世界銀行向け債務の不履行を発表（デフォルト）

日本の出来事

1.23	雪印牛肉偽装事件（後に日本ハムも発覚）
1.29	田中真紀子外相更迭
2.1	川口順子が外相、大木浩が環境相に就任
2.4	H-2Aロケット2号機打上げ成功
3.8	中部銀行破綻（44店舗、従業員635人、281億円の債務超過、バブル崩壊）
4.1	DV（保護命令）防止法全面施行
同	学校週5日制（ゆとり教育）施行
4.22	新首相官邸が開館
4.28	日蓮宗各派、立宗750年記念法要
5.28	日本経済団体連合会（経団連）発足
5.31	日本・韓国FIFAワールドカップ2002開幕
6.24	初の歩きタバコ禁止条例決議（東京千代田区）
8月	ガソリン乗用車の排ガス規制強化
8.5	住民基本台帳ネットワーク稼働
8.7	第26回全国高等学校総合文化祭が国立パシフィコ横浜大ホールで開催
8.20	新丸ノ内ビル竣工
8.29	東京電力、原発損傷事故隠蔽発覚
9.2	日本海中部海域不審船事件（北朝鮮の船舶と判明、11日引揚げ）
9.10	H-2Aロケット3号機打上げ成功
9.17	小泉総理が北朝鮮訪問、首脳会談（日本の総理として史上初の北鮮訪問）。金正日は日本人拉致問題を認める（公式）
9.21	国体夏季よさこい高知大会開催
10.8	小柴昌俊・東京大学名誉教授（物理）、田中耕一・島津製作所社員（化学）のノーベル賞受賞決定（日本人同年ダブル受賞は初）
10.15	北朝鮮に拉致された日本人5人が帰国
12.1	東北新幹線、盛岡～八戸間開通
12.14	H-2Aロケット4号機打上げ成功

福島県の出来事

1.8	いわき信用組合・つばさ信用組合が合併
2～8月	食肉偽装、相次ぎ発覚
2.6	尾瀬、長蔵小屋が廃材不法投棄（6月には環境省が国立公園内事業者に改善命令、全国初）
3.12	福島の信夫山火事、2.5ヘクタール焼失
3.22	県議定数2減を可決
3.23	常磐自動車道、広野まで開通
5.16	サッカーW杯アルゼンチン代表がJヴィレッジで合宿
7.22	矢祭町、住基ネット不参加
7.25	首都機能移転、国会委員会で事実上振り出しに戻り白紙
8.2	新1000円札図柄に野口英世像を採用
8.11	第48回全国高校演劇大会で小名浜高校演劇部が最優秀賞に
9.26	佐藤栄佐久知事、県議会でプルサーマルの拒否声明（これまで東京電力が1980年後半より90年代にかけ原発点検したとされる、ひび割れ等の修理記録を改ざんしていた不正事案が発覚。不信感が高まった）
10.19	第15回全国ねんりんピックふくしま大会開幕（県内10市・13町・1村）
11.7	郡山市、磐梯熱海温泉に近い国有林で樹齢300年以上のケヤキの森が発見される
11.20	富岡町の猪狩美貴さんが胆道閉鎖症手術の為、渡米

【世相】○今年の漢字「帰」（初の日朝首脳会談により拉致家族5人帰国、リバイバルソング復活）
ことば：タマちゃん、W杯、貸し剥がし、内部告発、拉致、ベッカムさま、ムネオハウス
歌：「ワダツミの木」「大切なもの」「大きな古時計」「亜麻色の髪の乙女」、「Voyage」（第44回レコード大賞受賞）
本：『パークライフ』吉田修一・『しょっぱいドライブ』大道珠貴（芥川賞）、『生きる』乙川優三郎（直木賞）
映画：「たそがれ清兵衛」「刑務所の中」「リターナー」「模倣犯」／アニメ映画：「猫の恩返し」／洋画：「ロード・トゥ・パーディション」「スターウォーズ・クローンの攻撃」

2002 (平成14年) 年齢　　歳

私の記録

2003 （平成15年） 癸未／みずのとひつじ

世界の出来事

- 1.10 北朝鮮、核拡散防止条約（NPT）脱退宣言
- 2.1 NASA、スペースシャトル帰還途中に事故、死者7人
- 同 EU、ニース条約発効
- 2.5 ユーゴスラビア連邦共和国、「セルビア・モンテネグロ」に改称
- 2.18 韓国、地下鉄放火事件、死者192人（犯人は獄死）
- 3月 中国、新型肺炎SARS流行（32ヵ国で死者774人を越す）
- 3.19 米英軍、イラク侵攻開始
- 4.9 イラク、フセイン政権崩壊
- 4.14 国際ヒトゲノム解読完了
- 5.1 ヨルダンのアンマン空港で日本の毎日新聞記者が取材記念として持ち帰ろうとしたクライスター弾が爆発、空港職員死亡事故起こる
- 6.2 米マイクロソフト「Windows Server 2003」発売
- 7.1 香港、50万デモ（七一遊行）
- 7.13 イラク、暫定統治評議会発足
- 8.6 テロ対策会議（上海機構）
- 8.14 北米・カナダ、大停電
- 8.29 仏、全土猛暑、死者1万人
- 9.28 伊、大停電
- 10.15 中国、有人宇宙船打上げ
- 11.29 イラク、日本外交官が射殺される
- 12.14 米軍、フセインを拘束
- 12.19 リビア、大量破壊兵器破棄を表明

日本の出来事

- 1.14 小泉総理、靖国神社参拝
- 1.25 前橋市で暴力団発砲、死亡者4人（犯人逮捕）
- 1.27 名古屋高裁金沢支部、高速増殖炉「もんじゅ」設置許可無効と判決
- 3.24 「千と千尋の神隠し」アカデミー賞長編アニメ映画賞を受賞
- 3.28 H-2Aロケット5号機打上げ成功
- 3.30 名古屋市連続通り魔殺傷事件（死者1人、負傷1人、犯人は38歳女性）
- 4.11 鹿児島、花火工場爆発、死者10人
- 4.25 六本木ヒルズがグランドオープン
- 4.28 日経平均株価7,607円88銭（大底に）
- 5.9 小惑星探査機「はやぶさ」打上げ（帰還は7年後の2010年6月13日予定、M-vロケット）
- 5.19 国立歴史民俗博物館、弥生時代の始まりは紀元前1000年頃からと発表
- 5.22 三浦雄一郎（70歳）がエベレスト登頂
- 5.23 個人情報保護法成立
- 5.26 宮城沖地震、M7.1（宮城県沖でのM7.1以上の地震として史上14回目）
- 6.6 有事関連三法成立（戦後初）
- 同 韓国の盧武鉉大統領訪日（国賓）
- 6.10 政府、りそなホールディングスに1兆9600億円の公的資金注入を決定
- 6.14 八尾市、ヤミ金心中事件（自殺）
- 6.22 「100万人キャンドルナイト」実施（世界共通、夏至・冬至午後8〜10時）
- 7.13 東京小6女児4人監禁事件（わいせつ目的で営業していた「プチエンジェル」に監禁、犯人は自殺）
- 7.21 世界水泳選手権で北島康介が2冠達成
- 7.26 宮城県北部地震、M6.4、住宅5000戸被害
- 9.26 十勝沖地震、M8.0、死者1人、負傷200人
- 10.10 日本最後のトキ、「きん」死亡
- 11.9 第43回衆議院選挙
- 11.19 第2次小泉純一郎内閣発足

福島県の出来事

- 1.2 富岡町の猪狩美貴さん米での胆道閉鎖症手術成功（10月7日富岡第2小学校に復学）
- 2.27 郡山市の米穀販売会社、外国産米と国産米を混入したものを「会津米」として販売（同社2人逮捕）
- 3月 郡山市、21世紀公園開設（「緑の都市賞」受賞）
- 4.1 福島市摺上川ダム給水開始
- 4.15 東京電力、福島第1原発・新潟同時原子炉検査で全停止（7月10日に知事が運転再開容認）
- 4.29 衆議院副議長・渡部恒三、勲1等旭日大授章
- 5.16 福島市の宮畑遺跡が国史跡に
- 6.18 西吾妻スカイバレー無料に
- 6.21 二本松市長収賄容疑で逮捕（8月10日三保恵一新市長に）
- 8.28 産業再生機構、うすい百貨店（郡山市）を支援
- 9.11 須賀川、女児略取監禁事件（10月9日に栃木県出身の犯人逮捕）
- 9.28 ベルリンマラソンで橋本康子（本宮市出身）が優勝
- 10.4 いわき市、病院で医療器・磁気共鳴画像装置の交換作業中爆発、8人重軽傷
- 10.29 農作物低温被害、被害額240億円
- 11.1 安積黎明高校が全日本合唱コンクールで連続日本一に
- 11.23 大相撲九州場所、本県縁の大関・栃東が2度目の幕内優勝

【世相】○今年の漢字「虎」（阪神タイガースが18年ぶりに優勝、虎の尾をふむようなイラク戦争への自衛隊派遣問題）
ことば：「マニフェスト」「なんでだろう〜」「バカの壁」「ビフォー・アフター」「毒まんじゅう」
歌：「世界に一つだけの花」「さくら（独唱）」「地上の星」「月のしずく」「NO way to Say」（第45回レコード大賞受賞）
本：『蹴りたい背中』錦矢リサ・『蛇にピアス』金原ひとみ（芥川賞）、『星々の舟』村上由佳・『4 TEEN』石田衣良・『後巷説百物語』京極夏彦・『号泣する準備はできていた』江國香織（直木賞）
映画：「阿修羅のごとく」「黄泉がえり」「座頭市」（北野武）、「美しい夏キリシマ」／洋画：「戦場のピアニスト」

2003 (平成15年) 年齢　　歳

私の記録

2004 (平成16年) 甲申／きのえさる

世界の出来事

- 1.27 アジア各地、鳥インフルエンザ警告（WHO・FAO・OIA）
- 2.29 ハイチ、反乱でアリスティド大統領辞任・出国
- 3.11 スペイン列車爆破事件、死者191人（イスラム過激派による犯行）
- 3.12 韓国、盧武鉉大統領弾劾
- 3.22 イスラエル軍、ハマスの指導者アフマドを殺害
- 4.22 北朝鮮、平安北道竜川駅爆発事件、死者161人
- 5.1 EU、加盟国が25ヵ国に
- 5.5 チェチェン共和国、アフマド大統領が暗殺
- 5.17 イラク統治評議会の議長・サリームが暗殺（自爆テロ）
- 6.2 イラク、シーア派が実権を掌握
- 6.8 米ジョージア州でG8サミット開催
- 7.1 ユネスコが世界遺産に中国の高句麗前期の都城、北朝鮮の高句麗古墳群、日本の紀伊山地霊場などを登録
- 7.18 韓国のソウルで20人連続殺人事件（犯人は柳永哲）
- 8.13〜29 アテネ五輪開幕
- 9.1 露、ベスラン学校占拠事件、死者334人（犯人はチェチェン人）
- 9.3 北京日本人学校に脱北者が駆け込む
- 10.29 伊、欧州憲法制定条約
- 11.20 チリ、APEC首脳会議
- 12.26 スマトラ沖地震、M9.3、14ヵ国で被害、死者22万人（日本人40人含む）、津波発生

日本の出来事

- 1.1 小泉総理、靖国神社に元旦参拝
- 1.12 山口県の養鶏場で鳥インフルエンザが確認される
- 1.26 自衛隊、イラクに派遣命令（30日に衆議院で承認、2月3日に本隊現地に出発、自衛隊は初めて戦闘地域へ）
- 2.8 自衛隊、イラクのサマワに入る
- 2.17 四日市のジャスコで誤認逮捕死亡事件（ATMコーナー内で男性が窃盗容疑で逮捕されるが、逮捕時の精神的・肉体的苦痛が原因で死亡。その後、事件が被害者女性の狂言であったことが判明）
- 2.27 オウム真理教の松本智津夫に死刑判決
- 3.24 尖閣諸島に中国人上陸（沖縄県警察が逮捕）
- 4.1 医師法、医大卒業後の研修を義務化
- 同 市町村合併により全国で11市誕生
- 4.8 イラク、日本人人質事件（イラク聖職者協会仲介で解放、自衛隊の撤退を要求）
- 5.7 年金未納で福田康夫官房長官辞任
- 5.10 皇太子徳仁親王、人格否定発言
- 同 年金未納で民主党代表の菅直人が辞任
- 5.20 国民保護法・有事関連7法案可決
- 5.22 小泉総理が北朝鮮再訪、拉致家族5人帰国
- 5.27 イラクで日本人記者2人殺害
- 7.13 新潟・福島豪雨、死者16人、被害8000棟
- 7.16 性同一性障害特別法施行
- 7.18 福井豪雨、JR越美線不通、死者4人、被害15000棟（全半壊200棟）
- 7.30 扇千景、初の女性参議院議長に
- 8.2 兵庫県古川市、2件7人の刺殺事件
- 8.9 福井、関西電力美浜原発で高温蒸気漏れ事故、死者5人、重傷6人
- 8.13 沖縄、国際大学敷地に米軍ヘリ墜落
- 9.29 台風21号、三重県上陸、死者26人
- 10.17 栃木5億円強奪事件（2008年に犯人8人逮捕）
- 10.20 台風23号上陸、死者・行方不明者98人
- 10.23 新潟中越地震、M6.8、死者68人
- 12.17 小泉総理、韓国の盧大統領と会見

福島県の出来事

- 1.16 自衛隊1等陸佐・佐藤正久（福島市出身）ら約30人、イラク南部サマワに出発。11月5日の第4次イラク復興支援で福島・郡山駐屯地隊員110人に派遣命令
- 3.3 県民債券30億円発行
- 4.14 常磐自動車道、富岡〜広野間開通
- 6月 リコール隠し、三菱自動車会長辞任（株主総会大揺れ）
- 7.13 会津地方に豪雨被害
- 8.9 関西電力美浜原発事故で5人死亡（この事故により福島の原発を再点検）
- 8.21 アテネ五輪で、当県から出場の自転車男子チームのスプリント・伏見俊昭が銀メダル
- 8.31 会津に激甚災害指定
- 9.5 知事選、佐藤栄佐久知事が県政史上初の5選当選
- 9.23 日本スポーツマスターズ福島大会開催
- 10.16 郡山市、旧佐久間学園資金流用事件（郡山署は業務上横領で元理事長逮捕）
- 10.30 全日本合唱コンクールで安積黎明高校が3年連続日本一に、他にも本県勢活躍
- 11.1 会津若松市と北会津村が合併
- 同 新1000円札（野口英世像）発行
- 同 車の運転中の携帯電話使用を罰則化決定
- 11.25 あぶくま高原道路、平田〜小野IC間開通

【世相】○今年の漢字「災」（新潟中越地震発生、福島・新潟・福井豪雨、浅間山噴火、原発事故隠し）　○「オレオレ詐欺」架空請求被害多発」○公務員・JA・郵便局員らの横領事件続発　ことば：「チョー気持ちいい」「自己責任」「セカチュー」「負け犬」「サプライズ」「韓流・冬ソナ・ヨン様」「気合だー」　歌：「瞳をとじて」「さくらんぼ」「かたちあるもの」「桜」「花」「JUPITER」「Sign」（第46回レコード大賞受賞）　本：『馬鹿の壁』養老猛司、『ハリーポッターと不死鳥の騎士団』J・K・ローリング、『介護入門』モブ・ノリオ、『グランド・フィナーレ』阿部和重（芥川賞）、『空中ブランコ』奥田英朗、『邂逅の森』熊谷達也、『対岸の彼女』角田光代（直木賞）　映画：「下妻物語」「誰も知らない」「血と骨」／アニメ映画：「ハウルの動く城」／洋画：「ラスト・サムライ」（米・日・ニュージーランド）

2004 (平成16年) 年齢　　歳

私の記録

2005 (平成17年) 乙酉／きのととり

世界の出来事

1.20	米Gブッシュ大統領、2期当選
1.30	イラク、国民会議選挙
3.14	マラッカ、日本船襲撃事件（後に人質は解放）
3.29	スマトラ沖地震、M8.7、死者1000人を超える
4.3	ローマ教皇のヨハネ・パウロ2世死去（コンクラーヴェを実施）
4.9	北京、反日デモ（1万人が参加）
4.10	中国浙江省で農民暴動（3万人）
4.20	新ローマ教皇にベネディクト卿が就任
5.29	仏、欧州憲法条約拒否（仏の国民投票結果、オランダも国民批准拒否）
6.15	FIFAワールドカップ2005開催（独）
7.7	英、第31回サミット開催
同	英ロンドン、同時爆破事件（死者56人、地下鉄駅）
8.14	ギリシャ、ヘリオス航空機墜落事故、死者121人
8.22	パレスチナ問題、ガザ地区よりユダヤ人撤退
8.24	ペルー航空機墜落、死者40人
8.26	米、ハリケーンがフロリダ上陸、死者1200人（政府批判に）
9.8	世界柔道選手権開催（エジプト・カイロ）
10.27	仏、反警察の暴動で非常事態宣言（反サルコジ）
11.22	独、メルケルが首相に就任

日本の出来事

1.1	青色ダイオード訴訟、賠償金8億円で和解
1.3	第81回箱根駅伝で駒沢大学が優勝
1.7	広島県福山市の老人ホームでノロウィルスによる感染、死者7人
2.16	京都議定書発効、気象変動枠組条約
2.28	スペシャルオリンピック長野大会（知的障害者の社会参加や自立を促進、IOC組織）
3.16	島根県議会「竹島の日」条例可決（韓国の反日感情高まる、対日外交戦争）
3.20	九州北部地震、M7.0、死者1人、負傷者1262人（これまであまり地震が起こらないと考えられていた地域での発生）
3.25	国際（愛知）万博「愛・地球博」開幕
4.25	JR福知山線脱線事故、死者107名
5.6	日本・韓国、歴史研究合同会議（歴史認識の違いが明らかに）
5.7	自衛隊、第6次イラク派遣
5.14	自衛隊、第6次（第2波）イラク派遣
6.1	対馬沖、韓国漁船を海上巡視船が拿捕
6.20	日韓首脳会談（歴史認識不合意）
6.27	天皇皇后両陛下が戦没者慰霊のためサイパン島訪問
7.23	千葉北西部地震、M6.0、重軽傷39人
7.26	宇宙飛行士・野口聡一がスペースシャトル「デスカバリー」搭乗、ミッションを完遂
9.2	アフガニスタンを旅行中の尾道市中学校教諭2人が遺体で発見される（銃殺）
9.25	国際（愛知）万博閉幕（2205万人が来場）
10.1	日米社会保障（年金）協定発効
10.26	沖縄県宜野湾市、米軍普天間移設問題で名護市辺野古崎建設案で日米両国基本合意（地元の意見を無視）
11.25	歌舞伎がユネスコ無形文化遺産に登録される

福島県の出来事

2.23	アルペンスキー障害者W杯で、猪苗代高校の鈴木猛史が回転男子チェアスキーで優勝
3.1	田村郡の5町村が合併し「田村市」が誕生（県内11番目の市に）
3.21	福島市、さくらの百貨店閉店
4.1	県人口209万6406人に（15年振りに210万人割込む）
4.10	県内の女子サッカーチーム「マリーゼ」が日本女子サッカーリーグに参戦
4.28	磐越自動車道の猪苗代町で高速バス横転、死者3人
6.5	日本陸上、女子400メートルで福島大学の丹野麻美選手が日本新記録で連覇
6.9	JR只見線、金山で列車に橋げたが落下
7.8	東京電力、福島第1原発1号機運転再開
7.29	車両登録「会津ナンバー」新設正式決定
8.16	宮城県沖地震、M7.2、県内も震度5強記録（被害あり）
8.22	全国中体連、男子400メートルリレーで白河第2中学校が2年連続優勝
9.25	福島市、摺上川ダム完成
10月	全日本合唱コンクールで福島県勢が各部門あわせて10の金賞受賞
11.3	全日本剣道選手権で伊達町原田悟の6段（警視庁）が優勝
11.8	尾瀬、ラムサール条約登録
11.14	会津若松市、東山温泉旅館組合が自己破産を申請

【世相】今年の漢字「愛」（愛知県で行われた愛地球博、紀宮清子内親王が黒田氏とご結婚、卓球・福原愛が活躍）
ことば：「小泉劇場」「想定内（外）」「クールビズ」「刺客」「フォー」
歌：「さくら」「青春アミーゴ」「プラネタリウム」「SMILY／ビー玉」、「Butterfly」（第47回レコード大賞受賞）　本：『頭がいい人、悪い人の話し方』樋口裕一、『土の中の子供』中村文則・『沖で待つ』絲山秋子（芥川賞）、『花まんま』朱川湊人・『容疑者Xの献身』東野圭吾（直木賞）　映画：「NANA」「交渉人」「電車男」「ALWAYS 3丁目の夕日」「北の零年」「ローレライ」／アニメ映画：「ハウルの動く城」／洋画：「ハリーポッターと炎のゴブレット」「スターウォーズ・シスの復讐」「宇宙戦争」「オペラ座の怪人」

2005 (平成17年) 年齢　　歳

私の記録

2006 (平成18年) 丙戌／ひのえいぬ

世界の出来事

- 1.12 サウジアラビア、メッカ巡礼者が将棋倒し、345人圧死
- 2.3 紅海でエジプト船籍のフェリー沈没、1000人の遺体収容
- 2.5 レバノン、ムハンマド風刺画抗議で放火事件
- 2.11 伊、トリノ冬季五輪開幕
- 2.17 フィリピン、レイテ島で土砂崩れ、死者2000人
- 2.18 ナイジェリア、ムハンマド風刺画に対する抗議テロ、16人犠牲に
- 2.25 世界人口が推計65億人に
- 3.3 米、第1回WBC開幕（16ヵ国参加、初優勝は日本）
- 5.18 チリ、フジモリ元ペルー大統領が保釈（しかしチリからの出国は認められず）
- 5.27 ジャワ島地震、死者5782人
- 6.3 モンテネグロ、独立宣言
- 6.9 FIFAワールドカップ（独）で仏を伊が破り優勝
- 7.14 エクアドルのトゥングラウア火山噴火、1万人避難
- 7.15 第32回サミット、初めて露で開催
- 7.17 ジャワ島地震、M7.7、死者500人、3万人が避難、津波発生
- 同 ニューヨーク、大停電
- 8.2 イスラエル、レバノン空爆
- 8.24 国際天文学連合、冥王星を惑星から除外（準惑星に）
- 9.19 タイ、軍事クーデター
- 10.17 米、人口3億人に
- 11.18 ベトナムでAPEC開催
- 12.30 サダム・フセインが死刑

日本の出来事

- 1.15 年末年始の大雪、死者154人
- 1.17 埼玉連続幼女（4人）誘拐殺人事件被告・宮崎勤に死刑判決（117号事件）
- 1.20 農水省、米産牛肉にBSE（危険部位の脊柱）が混入と発表
- 1.23 日本郵政株式会社発足
- 同 ライブドアの堀江貴文が証券取引法違反で逮捕
- 2.9 警視庁、インターネットの自殺サイトによる自殺が34件発生し、91人の死亡が判明と発表
- 2.10 預金者保護法施行（カード化対応）
- 同 トリノ冬季五輪開幕（女子フィギュアスケートで荒川静香が金メダル獲得）
- 2.16 神戸空港開港
- 2.19 兵庫はりま天文台、プレアデス星団の恒星プレオネ周辺に2重円盤発見
- 2.26 日本郵船の豪華客船「飛鳥Ⅱ」命名記念式典
- 3.26 佐賀県古川知事、プルサーマル受入れ
- 3.31 NTT、IC公衆電話とテレカ廃止に
- 同 神戸ポートピアランド閉園
- 5.9 日本、国連人権理事会の理事国へ
- 5.12 奈良、キトラ古墳の白虎を公開
- 5.13 農水省、北海道飼育牛がBSEに感染と発表
- 5.15 外務省、海外在住の日本人が100万人突破と発表
- 5.29 社会保険庁の調査で「年金改ざん」「不正免除」等の問題が発覚（11万4000件）
- 5.31 イラク・サマワで自衛隊車列に爆弾
- 6.9 天皇皇后両陛下、シンガポール・マレーシア・タイ東南亜3ヵ国訪問
- 6.29 横田めぐみの元夫・金英男が北朝鮮で会見
- 7.25 イラク支援を行っていた陸上自衛隊280人が帰国
- 8.20 第88回全国高校野球選手権決勝
- 9.26 安倍晋三、第90代総理大臣に就任
- 10.8～9 安倍総理、中国・韓国訪問
- 10.9 北朝鮮、核実験強行
- 10.11 北朝鮮に対し、日本独自の経済制裁処置を決定

福島県の出来事

- 1.1 平成の大合併進む（原町・鹿島・小高の3市町村合併し「南相馬市」に、伊達郡の5町が合併し「伊達市」が誕生
- 1.22 大相撲初場所で本県縁の栃東が3度目の幕内優勝
- 2.18 県立大野病院の医師を医師法違反で逮捕（2004年12月17日に発生した帝王切開医療ミスで）
- 4.1 元知事・松平勇雄死去、98歳
- 5.30 いわき市のアクアマリンがインドネシア沖で「生きた化石」といわれるシーラカンスの撮影に成功
- 6月 本県縁の映画「バルトの楽園」「フラガール」がヒット
- 8.4 下郷町と西郷村結ぶ国道289号線の甲子トンネル開通
- 8.31 二本松市・岳温泉の「ニコニコ共和国」が25年の歴史に幕
- 9.27 佐藤栄佐久知事、辞職表明（下水談合事件に絡み実弟入札妨害容疑で逮捕の為）
- 10.10 ご当地ナンバー「会津ナンバー」交付
- 10.23 東京地検特捜部が佐藤栄佐久前知事を収賄容疑で逮捕
- 10.25 高校必須科目の未履修が問題に（時間切れ授業）
- 10.27 二本松市出身の日本画家・大山忠作氏に文化勲章
- 10.28 いわき市立総合磐城共立病院で県内初の脳死臓器摘出手術成功
- 11.12 知事選、佐藤雄平が当選

【世相】○今年の漢字「命」（悠仁親王誕生、小中学生の自殺多発、北朝鮮の核実験、医師不足）
ことば：「イナバウアー」「ハンカチ王子」「品格」「格差社会」「勝ち組・負け組」「メタボリックシンドローム」
歌：「粉雪」「real-Face」「抱いてセニョリータ」、「一剣」（第48回レコード大賞受賞）
本：『国家の品格』藤原正彦、『東京タワー』リリー・フランキー、『ひとり日和』青山七恵（芥川賞）
映画：「フラガール」「武士の一分」／洋画：「パイレーツ・オブ・カリビアン／デッドマンズ・チェスト」「ダ・ヴィンチコード」「父親たちの星条旗」

2006 (平成18年) 年齢　　歳

私の記録

2007 (平成19年)　丁亥／ひのとい

世界の出来事

1.1	ブルガリア、ルーマニアEU加盟（EU加盟国は27ヵ国に）
同	スロベニア、ユーロ導入
同	インドネシア航空機が消息不明に、乗客102人と機体未発見（謎）
1.9	ホルムズ海峡で米核潜水艦と川崎汽船タンカーが衝突
1.12	露、ドン河畔で現生人類の遺跡発見（米の学術誌『サイエンス』で発表）
2.2	仏、地球温暖化会議（IPCC）で、100年後平均気温が5度上昇し、約2億人の難民が出ると予想
2.3	イラクで大規模な自爆テロ、死者200人
2.5	中国、尖閣諸島領有を主張
2.16	韓国、北朝鮮からの脱北者が1万人を越えたと発表
3.7	インドネシアのガルーダ航空機が着地に失敗し炎上、死者49人
4.25	エチオピア、中国系石油会社の油田開発現場が武装集団に襲われる
4.25	露、エリツィン前大統領国葬
5.15	仏、サルコジが大統領に就任
8.16	ペルー沖地震、M8.0、死者510人
9.12	スマトラ沖地震、M8.5、死者17人（翌日もM7.8の余震発生）
10.2	平壌、第2回南北首脳会談
10.19	パキスタン、爆弾テロ、死者136人
10.20	米、カリフォルニア南部で山火事、100万人避難
11.16	インド洋、サイクロン被害
12.13	EU首脳会議、リスボン条約調印

日本の出来事

1.2	警視庁まとめ、2006年交通事故死者数6352人に（51年振り6000人台に）
1.3	第83回箱根駅伝、順天堂大学が優勝
1.4	車免許証IC化へ（1都4県で実施）
1.5	北陸自動車道、飛騨トンネル貫通
1.21	国立新美術館開館（東京都港区）
1.22	FAO・WWF、資源保護会議（神戸市）
2.24	米原子力空母「レーガン」が佐世保へ入港
3.13	安倍総理、豪ハワード首相と「安保保障協力共同宣言」（米に次ぎ2回目）
3.29	文部科学省、全国公立小中学校の耐震強度不足施設が30%以上と判明したことを発表
5.4	祝日法改正により「みどりの日」に
5.10	熊本市の慈恵病院で「赤ちゃんポスト」開設（同日3〜4才の男児を保護、児童福祉法によって2014年まで453人の子供を救う）
5.22	厚労省、エイズ患者1358人と発表
7.16	新潟県中越地震、M6.8、死者15人（柏崎刈羽原発運転停止）
8.30	尾瀬、国立公園に（全国29番目）
9.1	防衛施設庁は「防衛省」に統合
9.7	台風9号、関東地方直撃、死者・行方不明者3人
9.12	安倍総理突然辞任表明
9.13	JAXA（宇宙開発機構）、月探査衛星H-2A「かぐや」を打上げ（種子島）
9.26	福田康夫が第91代総理大臣に就任
10.1	郵政民営化、日本郵便株式会社発足
10.1	気象庁、緊急地震速報を開始
11.10	第20回ねんりんピック茨城開催
12.17	社会保険庁、年金受加入者に特別便発送

福島県の出来事

1.1	本宮町と白沢村が合併し「本宮市」が誕生
2.1	県立高校の未履修科目問題で県教育長らを処分
2.16	本県舞台の映画「フラガール」日本アカデミー賞受賞
4.1	福島市、市制施行100周年
4.9	会津若松市、県立会津学鳳中学校と会津学鳳高校を併設（県内初の中高一貫教育がスタート）
5月	郡山市、「布引風の高原」がオープン
5.7	大相撲、本県縁の栃東が引退
6.26	白河市長・成井英夫急死、54歳
7.29	鈴木和夫が新白河市長に
8.7	いわき市、交通事故保険金詐欺事件
8.30	環境省、日光国立公園一部と尾瀬地域を分離し、「尾瀬国立公園」として独立認定
9.1	世界陸上、女子1600メートルリレーで日本新記録（福島大学の選手）
10.4	日本で最も美しい村連合総会が長野県大鹿村で開催（福島県の飯舘村・北塩原村・三島町・大玉村が参加）
10月	全国合唱コンクールで会津の葵高校、郡山第2中学校など福島県勢が大活躍

【世相】〇今年の漢字「偽」（菓子老舗の不二家や白い恋人、赤福などで食品表示偽装発覚、防衛省汚職など）　〇福島県内で橋銘板の盗難多発、前知事らの裁判も続く、東京電力では福島第1・第2原発のデータ改ざん相次ぐ　〇消えた年金で社会保険庁に国民の怒り沸騰　ことば：「どげんかせんといかん」「ハニカミ王子」「そんなの関係ねぇ！」「KY」「食品偽造」「消えた年金」「鈍感力」　歌：「千の風になって」「Love so sweet」「flavor of life」「Keep the faith」「喜びの歌」、「蕾」（第49回レコード大賞受賞）　本：『アサッテの人』諏訪哲史・『乳と卵』川上未映子（芥川賞）、『吉原手引草』松井今朝子・『私の男』桜庭一樹（直木賞）　映画：「愛の流刑地」「東京タワー〜オカンとボクと、時々オトン〜」「HERO」「アンフェア」／洋画：「長江哀歌」（中国）

2007 (平成19年) 年齢　　歳

私の記録

2008（平成20年）　戊子／つちのえね

世界の出来事

- 1.11　イラクのバグダードで観測史上初の降雪
- 1.21　アジア各地証券、史上最大の暴落
- 1.22　NY証券・FRB（連邦準備制度）も暴落
- 2.5　米テネシー州で大竜巻発生、死者55人、被害800戸
- 2.10　韓国のソウルの南大門（国宝）火災、楼閣全焼
- 2.17　アフガニスタン、自爆テロ、死者80人
- 3.14　中国、チベット自治区暴動、死者18人、1000人を逮捕・拘束
- 3.31　チベット難民がネパールへ亡命
- 5.2　サイクロンがミャンマーを直撃、死者350人
- 5.12　中国、四川大地震、M8.0、死者4万人（甘粛・重慶）
- 6.14　スペイン、サラゴサ万博開催
- 6.22　フィリピン客船がシブヤン海沖で沈没、死者・行方不明者800人
- 8.8〜24　中国、北京五輪開催
- 9.15　米、リーマン・ショック、サブプライムローン崩壊
- 9.29　米、金融危機（世界に波及）
- 11.8　露、原潜事故、死者20人
- 11.13　太陽系外惑星4個発見（うお座 Fb・HR8799b/c/d）
- 12.4　オスロ会議、クラスター爆弾製造使用禁止条約署名（NGO）

日本の出来事

- 1.12　南極海、グリーンピース（環境保護団体NGO）が日本捕鯨団を実力阻止
- 1.18　日本海洋研究開発機構、ロシア科学アカデミーで「シベリア凍土地温3度上昇し、永久凍土表層の融解が急速に進行している」と発表
- 1.27　大阪知事選、橋下徹（38歳）が当選
- 1.31　中国製餃子中毒事件（商品全面撤去）
- 2.11　沖縄、米兵14歳少女強姦事件（米兵を逮捕）
- 2.19　千葉沖で海上自衛隊護衛艦と漁船が衝突、漁船は沈没し2人が行方不明に（イージス艦事故）
- 2.22　ロス疑惑の三浦和義、サイパンで逮捕（ロサンゼルスへ身柄移送）
- 3.13　円高、1ドル＝100円に（1995年以来）
- 3.13　国際宇宙ステーション、日本実験棟「きぼう」船内ドッキング成功（土井隆雄宇宙飛行士が15日に初入室）
- 3.18　ICOCAとSuica、電子マネー相互開始
- 4.3　最高裁小法廷、「赤い羽根」等の自治会費に上乗せしての徴収は違法と判決
- 4.10　チベット・ダライラマ訪日（その後渡米）
- 5.6　胡錦濤国家主席訪日（中国の主席来日は10年振り）
- 5.22　万葉歌「あさかやま…」の歌木簡発見を発表（滋賀県甲賀市紫香楽宮跡で大阪市立大の栄原永遠男教授が発見、万葉歌木簡発見は初）
- 6.8　秋葉原通り魔事件、7人死亡
- 6.14　岩手・宮城内陸地震、M7.2、死者・行方不明者23人、負傷者450人
- 7.7　第34回G8サミット開催（北海道洞爺湖）
- 8月末　関東地方豪雨、被害2万2000棟（紀伊半島から関東太平洋岸にかけて）
- 9.24　麻生太郎が第92代総理大臣に就任
- 10.7　日本人がノーベル賞受賞決定（小林誠・益川敏英・南部陽一郎が物理学賞、下村脩が化学賞に）
- 10.10　ロス疑惑の三浦和義が自殺（ロス刑務所にて）

福島県の出来事

- 1.18　三島町の「三島のサイの神」、国重要無形民俗文化財に
- 1〜2月　中国製餃子問題波及
- 1.28　福島医大付属病院に配備された「ドクターヘリ」運用開始
- 3.8　福島市、信夫山火災、1.5ヘクタール焼失
- 3.24　郡山市、音楽都市宣言
- 4〜7月　ガソリン価格が乱高下
- 4.8　いわき市、アリオス開館
- 4.15　後期高齢者制度に伴う年金からの保険料徴収ミス（問題に）
- 5.26　滋賀県甲賀市紫香楽宮跡から出土の万葉歌木簡「安積山の歌」は郡山市縁緣の額取山（安積山）が舞台であることから、郡山文化協会名誉会長・今泉正顕と理事・七海皓獎が現地訪問視察（栄原教授の来郡を依頼）
- 5.28　第1回野口英世アフリカ賞、英のブライアン免疫学博士とケニアのミリアム博士へ授与
- 6.6　小名浜測候所廃止
- 6.21　只見町で「世界ブナサミット2008 in ただみ」開催
- 6.23　いわき市のまき網漁船が千葉・犬吠埼沖で沈没、死者4人、行方不明者13人
- 7.1　福島市とUFOの里・飯野町が合併
- 7.9　日航、福島空港から撤退表明
- 8.8　佐藤栄佐久前知事、東京地裁で有罪判決（20日被告控訴）
- 8.20　大熊町の県立大野病院の医療過誤事件で産科医に無罪判決、地検は控訴を断念（無罪確定）
- 9.21　下郷町と西郷町を結ぶ国道289号甲子道路が全線開通（23.3キロ）
- 10.29　会津美里町、伊佐須美神社全焼
- 10.31　郡山出身の航空自衛隊幕僚長・田母神俊雄が更迭（論文問題）

【世相】○今年の漢字「変」（総理大臣の交代、米オバマ大統領の「チェンジ変革」宣言など）　ことば：「グー」「ゲリラ豪雨」「アラフォー」「あなたとは違うんです」「後期高齢者」「埋蔵金」　歌：「風の向うへ」「One Love」「I am your Singer」「キセキ」「羞恥心」「HANABI」「Ti Amo」（第50回レコード大賞受賞）　本：『時が滲む朝』揚逸・『ポトスライムの舟』津村記久子（芥川賞）、『切羽へ』井上荒野・『利休にたずねよ』山本兼一・『悼む人』天童荒太（直木賞）、『ホームレス中学生』田村裕、『女性の品格』『親の品格』坂東眞理子　映画：「おくりびと」「容疑者Xの献身」「トウキョウソナタ」「花より男子ファイナル」／アニメ映画：「崖の上のポニョ」／洋画：「インディ・ジョーンズ／クリスタル」「レッドクリフ」

2008 (平成20年) 年齢　　歳

私の記録

2009（平成21年） 己丑／つちのとうし

世界の出来事

- 1.1 チェコ、EU連合議長国に
- 1.15 世界天文年（400年祭）、パリのユネスコ本部にて挙行
- 1.15 米、ハドソン川にエアバスA320が不時着、全員無事救助
- 1.20 米、バラク・オバマが第44代大統領に就任（黒人初）
- 1.22 オバマ大統領、米軍基地テロ容疑者収容所など閉鎖命令
- 1.26 インドネシアで金環食観測
- 1.28 スイス、ダボス会議（IMF〈国際通貨基金〉、2009年の世界全体の経済成長率が戦後最悪の0.5％となる見通しを発表）
- 2.1 露、ソ連崩壊後初のロシア正教総主教にキリル1世が就任
- 2.7 オーストラリア、メルボルン郊外山火事、181人死亡（放火犯逮捕）
- 2.10 米・露の人工衛星衝突事故
- 4.5 北朝鮮、テポドンⅡ発射実験（2段目は太平洋へ落下）
- 5.23 韓国の盧武鉉前大統領が自殺
- 7.5 中国、ウイグル騒乱、死者3000人（ウルムチ市）
- 9.30 南太平洋のサモア近海で大地震、M8.3、同日にインドネシアのスマトラ島沖でも地震、M7.6、（死者数千人に及ぶと報道）
- 10.8 南太平洋バヌアツ大地震
- 10.9 米オバマ大統領、ノーベル平和賞受賞（「核なき世界・対話路線」が評価される）
- 12.1 EU、リスボン条約発効
- 12.14 英、寝台列車「オリエント急行」定期列車廃止

日本の出来事

- 1.1 八戸地域大規模断水事故、導管破裂（9万3000世帯に被害、陸上自衛隊派遣）
- 1.27 日本漁船・第38吉丸、露沿岸警備船に拿捕される（日本海）
- 2.13 月周回衛星「かぐや」の観測データにより世界初の月全体地形図・重力地図を作成したと発表
- 2.17 伊、ローマで開催されたG7（財務大臣・中央銀行総裁会議）後、意識朦朧状態で会見した中川昭一担当大臣が辞表提出
- 2.22 映画「おくりびと」が第81回アカデミー賞外国語映画賞受賞（ロサンゼルス、1954年振りの快挙）
- 3.13 政府、海上自衛隊をソマリア沖へ派遣
- 4.7 政府、北朝鮮ミサイル発射に対する抗議決議
- 4.10 今上天皇・皇后夫妻金婚式（50周年）、宮中祝賀行事挙行
- 4.28 WHO・厚生省、豚インフルエンザを「新型インフルエンザの発生」と宣言
- 6.1 道路交通法改正（75歳以上に認知機能検査を義務付け開始）
- 6.7〜19 各地で空からオタマジャクシが降るという現象発生
- 7.19 国際宇宙ステーション「希望」完成
- 8.11 駿河湾地震、M6.5（スラブ内地震）
- 8.30 第45回衆議院総選挙、投票率69％、自民大敗・民主大勝（社民・新党）、麻生内閣総辞職
- 9.16 民主党の鳩山由紀夫が第93代総理大臣に就任
- 9.21〜23 鳩山総理初外遊（中国・英・米・露・韓国・豪の各国で会談）
- 11.5 福井、国内初プルサーマル発電開始
- 11.13 米オバマ大統領、初来日・会談

福島県の出来事

- 2.19 文化勲章受章・大山忠作（二本松出身）死去、86歳
- 3.2 猪苗代町・磐梯町、フリースタイル世界選手権大会開催
- 3.16 定額給付金、支給開始（10月まで全市町村に）
- 3.28 高速道路料金、土日祝日は1000円になり、県外ナンバーが急増
- 6〜10月 新型インフルエンザ流行
- 6.22 県議会最大会派がプルサーマル凍結を求めた2002年10月の県議会意見書を撤回すべきと申し入れ
- 7.6 佐藤知事「プルサーマル再開」を県議会に表明
- 8.10 県内6年振り梅雨明け宣言なし
- 8.16 福島市、松川事件60周年集会
- 8.26 突発性拡張型心筋症のいわき市中央台北中学校2年生男子生徒が治療のためカナダへ（11月9日心臓移植手術は成功）
- 9.29 地裁郡山支部で県内初の裁判員裁判開始（いわき市の暴力団員殺人事件審理、求刑は懲役20年、10月2日に判決となり懲役17年に）
- 10.14 前知事汚職事件、控訴審も有罪（23日最高裁に上告）
- 11.16 アクアマリンふくしまのシーラカンス調査隊がインドネシア沖でシーラカンスの稚魚発見（世界初の撮影に成功）
- 11.24 詩人・丘灯至夫死去、92歳（「高校3年生」など数々のヒット曲を手掛けた作詞家でもあった、小野町出身）

【世相】○今年の漢字「新」（自公政権から民主党中心の鳩山新政権発足、新制度、新型インフルエンザ流行）
ことば：「婚活」「侍ジャパン」「政権交代」「事業仕分け」「草食系男子」「こども店長」「派遣切り」「歴女」　歌：「Believe／曇りのち快晴」「明日の記憶」「マイガール」「愛のままで」「Everything」、「Someday」（第51回レコード大賞受賞）　本：『終の住処』磯崎憲一郎（芥川賞）、『鷺と雪』北村薫『ほかならぬ人へ』白石一文『廃墟に乞う』佐々木譲（直木賞）、『1Q84』村上春樹、『天地明察』冲方丁、『安積』（ムック版）七海皓葵　映画：「沈まぬ太陽」「劔岳 点の記」／アニメ映画：「アイス・エイジ3」（米）、「カールじいさんの空飛ぶ家」（米）／洋画：「アバター」「ハリーポッターと謎のプリンス」「2012」「シャーロックホームズ」「天使と悪魔」

2009 (平成21年)　年齢　　歳

私の記録

2010 (平成22年) 庚寅／かのえとら

世界の出来事

- 1.4 ドバイ、世界一高い超高層ビル「ブルジュ・ハリファ」完成（828.9メートル、160階、建設はサムスン）
- 1.15 インド・アフリカで金環食観測
- 2.12 カナダ、バンクーバー冬季五輪開催
- 2.27 チリ大地震、M8.8、死者802人
- 3.29 モスクワ地下鉄爆破テロ、死者39人
- 4.14 中国、青海地震、M7.1、死者2968人
- 同 アイスランド、ヨークトル山噴火、火山灰が欧州全土に（航空機の世界各便が欠航、30ヵ国以上の首脳がポーランド大統領の国葬を欠席）
- 6.11 キルギス、ウズベク民族抗争（2000人超す死者）
- 同 FIFAワールドカップ南アフリカ大会開幕
- 6.24 オーストラリア、ギラード副首相が新党首に（女性初）
- 6.26 カナダ、第36回G8サミット開催
- 8.18 イラクより米軍撤退完了
- 11.11 韓国、第5回G20主要国首脳会議開催
- 11.13 ミャンマー、スーチーの軟禁解除（7年半振り）
- 11.23 韓国、延坪島北砲撃事件、4人死亡（北朝鮮へ対応射撃）
- 12.8 アラブ首長国連邦、FIFAクラブワールドカップ2010が開催
- 12.25 オーストラリア、クイーンズランド州で熱帯低気圧上陸し豪雨・洪水発生、死者28人、冠水3万3000棟、12万戸停電（被害額1兆円）

日本の出来事

- 1.1 平城京遷都1300年祭（奈良県）
- 同 日本年金機構発足
- 1.16 大学入試センター試験実施
- 2.4 石垣島で日本最古の人骨発見（2万年前のもの）
- 2.28 気象庁、チリ地震関連で津波警報発表
- 3.20 第2京阪道路全通開通（大阪～京都間）
- 4.27 殺人罪・強盗殺人罪の公訴時効廃止（過去の事件も遡って適用）
- 5.4 沖縄に鳩山総理が訪問し、米軍の普天間基地移転を徳之島へ分散する方針を表明
- 5.18 宮崎県の東国原知事、家畜伝染病口蹄疫の非常事態宣言
- 5.21 金星探査機「あかつき」打上げ
- 5.30 連立与党の社民党・福島瑞穂が閣僚罷免
- 6.8 鳩山内閣総辞職、菅直人内閣発足
- 6.13 小惑星探査機はやぶさ、地球へ帰還（7年間の宇宙の旅、本体は大気圏再突入により消滅、サンプルは回収）
- 6.28 高速道路一部無料化の社会実験開始
- 7.11 第22回参院選、民主惨敗（ねじれ国会）
- 7.29 所在不明高齢者問題（111歳とされた男性のミイラ化遺体を足立区で発見）
- 8.27 ミイラ化男性の長女を詐欺容疑で逮捕
- 9.7 尖閣諸島、中国漁船衝突事件
- 9.21 障害者郵便制度悪用事件で逮捕されていた村木厚子厚生労働省元局長の無罪判決確定（部下が証拠のFDの内容を改ざんしたことが後に発覚、逆に担当検事が逮捕された）
- 10.2 尖閣諸島事件抗議デモ（日本・中国）
- 10.6 鈴木章と根岸英一がノーベル化学賞受賞決定
- 11.27 中国横断自動車道 尾道線開通
- 12.4 東北新幹線、新青森駅まで開通
- 12.7 宇宙探査機「あかつき」金星到達

福島県の出来事

- 1.2 箱根駅伝で東洋大学の柏原竜二（いわき市出身）が活躍、2連覇
- 1.24 全国都道府県対抗男子駅伝競走で本県第2位
- 2月 バンクーバー冬季五輪でスケート女子団体が追抜き、穂積雅子（福島市）が銀メダルを獲得
- 4.19 福島空港、2009年度搭乗者が28万3014人と過去最低に
- 5～11月 熊、飯坂温泉に出没
- 5.13～ 福島市の花見山への来場者数が32万人に
- 6.8 玄葉光一郎（船引町出身、民主党政調会長）が公務員制度改革・少子化担当相で入閣（9月の改造内閣では国家戦略担当相に）
- 8.6 佐藤雄平知事、東京電力福島第1原発3号機でのプルサーマル受け入れ表明（9月23日にはプルサーマルによる首都圏への電力供給開始）
- 8.24 全国的高齢者の行方不明問題で、いわき市の「102歳」女性自宅で白骨化した遺体発見（5女を詐欺で逮捕）
- 9.22 猪苗代、2011年開催予定のフリースタイルW杯大会が資金難で開催見送りに
- 10～11月 全日本合唱コンクールで安積高校、郡山第2中学校が日本一に
- 10.31 知事選で佐藤雄平が再選

【世相】○今年の漢字「暑」（観測史上1位の猛暑、熱中症、野菜高騰、クマ出没、はやぶさ地球帰還）　○大雪・猛暑・集中豪雨など異常気象の年となる。　ことば：「ゲゲゲの～」「いい質問ですね」「イクメン」「脱小沢」「無縁社会」　歌：「Beginner」「ヘビーローテーション」「Troublemaker」「Monster」「ポニーテールとシュシュ」「果てない空」、「I wish for you」（第52回レコード大賞受賞）　本：『乙女の密告』赤染昌子・『苦役列車』西村賢太・『きことわ』朝吹真理子（芥川賞）、『小さいおうち』中島京子・『強欲な羊』美輪和音・『月と蟹』道尾秀介（直木賞）　映画：「悪人」「十三人の刺客」「告白」／アニメ映画：「トイ・ストーリー3」（米）、「塔の上のラプンツェル」（米）／洋画：「アリス・イン・ワンダーランド」「インセプション」「アイアンマン2」

2010 (平成22年) 年齢　　歳

私の記録

2011 前半（平成23年） 辛卯／かのとう

世界の出来事

1.1	ブラジル、初の女性元首ジルマ・ルセフ大統領就任
同	エストニア、ユーロ導入
同	アレクサンドリア、自爆テロ、死者21人（コプト正教会を狙った）
1.9	インド、デリー寒波、死者80人
同	イラン、航空機墜落、死者72人
1.12	パキスタン、自爆テロ、死者20人
1.13	ブラジル、豪雨、死者500人
同	オーストラリア、ブリスベン洪水、都市機能マヒ
1.17	南アフリカ、洪水、死者・行方不明者40人
1.25	エジプトのチュニジア、ジャスミン革命に触発され反体制のデモが開始（「アラブの春」始まる）
1.26	ITU（国際電気通信連合）、世界のインターネット利用者が20億人、携帯電話契約件数が50億件と発表
同	スペイン、失業率20.33％に
2月	エジプト、ヨルダン、イエメンなど各地で民衆蜂起
2.2	NASA、太陽系外惑星候補1200個を発見、そのうち54個に水が存在する可能性があると発表
2.22	ニュージーランド、カンタベリー地震、M6.3、死者185人のうち日本人留学生28人が死亡
3.11	日本、東北地方太平洋沖地震（東日本大震災）発生、M9.0、東北地方の太平洋岸で大津波、東京電力福島第1原子力発電所がメルトダウン※
3.19	月、スーパームーン現象（月が地球へ35万6577キロまで接近、19年振り）
4.11	ベラルーシ、爆弾テロ、死者15人
4.12	国際原子力事象評価尺度、福島第1原子力発電所事故の評価レベルを7に引上げ（チェルノブイリと同レベル）

日本の出来事

1月	前年クリスマスごろから全国各地の児童養護施設に匿名寄付（タイガーマスク運動）
1.4	山陰地方で豪雪、漁船422艘沈没
1.10	日韓、防衛相会談（物品相互協定）
1.14	菅直人第2次改造内閣発足
1.17	チュニジアで足止めの日本人旅行者117人が出国（ジャスミン革命の影響で）
1.23	宮崎県、病原鳥インフルエンザ確認
1.25	高松高裁、「一票の格差」違憲判断
1.27	鹿児島・愛知県、鳥インフルエンザ確認
1.29	AFCアジアカップ・カタール大会、サッカー日本代表がオーストラリアを破り4度目の優勝
1.31	小沢一郎、検察審査会で強制起訴
2.1	東京大学、天然うなぎ産卵海域はマリアナ諸島沖であることを発見
2.5	日本相撲協会、大相撲八百長問題が発覚（力士3人関与、春場所中止に）
3.1	ジャスコとサティ統合、イオンに
3.5	東北新幹線、最速列車「はやぶさ」運行
3.11	東北地方太平洋沖地震（東日本大震災）、M9.0、午後2時46分18.1秒に発生（国内観測史上最大の地震で、世界的にも1900年以降4番目の巨大地震）最大震度7を宮城県栗原市で観測、高さ10メートル以上の大津波が岩手・宮城・福島を中心とする太平洋沿岸に発生し甚大な被害をもたらした。死者・行方不明者は約2万人、日本戦後最悪の自然災害となる
同	東京電力福島第1原子力発電所原子炉の冷却機能が失われ、11日午後6時頃炉心溶融はじまる

福島県の出来事

1.2	箱根駅伝で東洋大学の柏原竜二（いわき市出身）が5区山登りで3年連続区間賞（東洋大学は往路で3連覇達成）
1.4	福島市役所新庁舎東棟開庁
1.17	郡山市の豊田浄水場貯水池の野鳥死体から鳥インフルエンザA型菌検出される
2.2	二本松市、JAみちのく安達支店に深夜強盗、1億1000万円強奪（18日、元みちのく安達職員と無職男を逮捕）
2.7	経済産業省・原子力安全保安院、40年超える福島第1原子力発電所1号機の継続運転を認可
2.28	福島医大、耳鼻咽喉研究チームがIPS細胞を使い気管軟骨を再生（世界初の成功）
3.11	東日本大震災、地震・津波発生（死者3058人、行方不明者211人）東京電力福島第1原子力発電所1～3号機が自動停止、原子力緊急事態宣言で半径3キロ外へ避難指示
3.12	菅総理、ヘリで原発視察。1号機の水素爆発により、避難指示範囲を半径10キロに拡大（6町の住民へ）、さらに20キロに拡大（避難者は8万人に）
3.13	原子力発電所3号機、炉心溶融
3.14	原子力発電所3号機、水素爆発（2号機は空炊き状態が判明）
3.15	原子力発電所2号機で原子炉格納容器の圧力抑制プール付近で爆発（プールが損傷）、4号機も爆発し火災発生。高濃度の放射性漏れ発生。新たに半径20～30キロの住民に屋内避難を指示
3.24	東北・常磐自動車道、不通解除
3.30	埼玉のさいたまスーパーアリーナに避難していた双葉町民480人、加須市旧高校校舎へ

2011

前半
（平成23年）　　年齢　　歳

私の記録

2011 後半（平成23年） 辛卯／かのとう

世界の出来事

同	米南北戦争開戦から150年
4.20	キューバ、カストロが第1書記から引退
4.29	英、ウィリアム王子結婚式
5.2	国際テロ組織アルカイダのウサマ・ビンラディン殺害される
5.27	仏、第37回サミット開催
6.4	チリ、プジェウエ山噴火（南半球国の航空交通のキャンセルが相次ぐ）
7.1	中国、「国防動員法」発行（同日は中国共産党創設90周年）
7.8〜21	米、スペースシャトル「アトランティス」が最終飛行（スペースシャトル全機退役となる）
7.22	ノルウェー、連続テロ事件、死者44人（基督原理主義者の犯行）
7.23	中国、温州市高速鉄道衝突・脱線事故、死者40人（事故隠蔽）
8.4	米、NY株価急落（1万800ドル台に）
8.6	英、英暴動（逮捕者2000人を越える、黒人男性が射殺されたのがきっかけ）
8.23	リビア内戦、カダフィ政権事実上崩壊（1969年より42年間続いた政権、10月20日カダフィ大佐死亡）
9.17	米、ウォール街占拠運動
9.18	インド、ネパール国境地震、M7.0、死者100人
10月	タイ、水害発生、国土の1/3が水没（日系企業8割が操業停止に）
10.23	トルコ、東部地震、M7.1、死者604人
11.8	小惑星2005YU55が月軌道の内側を通過（小惑星の直径は400メートル）
12.17	北朝鮮、金正日総書記死去

日本の出来事

3.12	東京電力福島第1原子力発電所1号機建屋が水素爆発をおこし（午後3時36分）、大量の放射性物質が拡散。周辺住民に避難指示（半径20キロは屋内避難）
3.13	福島第1原子力発電所3号機の炉心損傷発生、1号機と3号機に真水・海水注入開始
3.14	福島第1原子力発電所3号機が水素爆発（保安院、半径20キロ住民へ避難勧告）
3.15	福島第1原子力発電所2号機爆発、6時10分には4号機で出火。30キロ住民14万人避難（浪江町周辺は通常の6600倍放射線量に）
3.17	陸上自衛隊ヘリで3号機に放水
4.7	宮城県で余震、M7.1、死者6人
4.11	いわき市で余震、M6.8、家屋倒壊
4.18	栃木鹿沼市、クレーン車暴走事故、小学生6人死亡
4.27	富山県福井市の焼肉えびす店でユッケ集団中毒事件、死者4人（大腸菌O-111）
5.6	菅総理、浜岡原子力発電所の運転中止を要請
5.12	立川市、立川6億400万円強奪事件
6.24	平泉「仏国土表す建築庭園」が世界文化遺産登録、小笠原諸島は自然遺産に
7.18	FIFAドイツ女子ワールドカップでサッカー日本女子代表が初優勝
7.24	日本、テレビ放送方式がアナログからデジタル放送に切り替わる（但し東日本大震災被害の岩手・福島・宮城県を除く）
8.19	円高、1ドル＝75円台に（史上最高値）
9.2	野田佳彦内閣発足
10.11	大津市中学2年生いじめ自殺事件（教育委員会の隠蔽体質が社会問題化）

福島県の出来事

同	東京電力会長、会見で謝罪
4.5	北茨城沖のコウナゴから放射能物質を検出
4.20	震災影響で被災3県の地デジ移行は翌年3月に延期
5.9	原子力発電所から30キロ圏内の高校生、避難先授業をサテライト方式で開始
5.11	天皇皇后両陛下、福島・相馬の原発事故避難住民を激励
7.1	政府、東北電力管内の電気使用制限発令、15%自主的節電
7.3	南相馬市、犠牲者の慰霊祭挙行（県内最多の589人が犠牲に）
7.5	内閣特命担当大臣の松本龍、地元との不遜態度で引責辞任
7.26	福島・新潟県、記録的豪雨、死者4人、浸水被害7800棟
同	郡山市、皇太子ご夫妻慰問
7.31	福島市、原発禁止世界大会
8.11	県「脱原発」を基本理念に「復興ビジョン」を正式決定
8.15	福島市、フクシマを世界に発信「プロジェクトFUKUSHIMA」開催（坂本龍一ら出演）
9.2	郡山市、「伝坂上田村麻呂生誕乃地」碑建立（清水寺森貫主）
9.2	野田内閣で玄葉光一郎が外相に入閣
9.21	台風15号、本県直撃（中通り・会津で7万5000人避難）
10.9	全県36万人児童にガン検査
12.23	郡山市、屋内大遊戯施設「ベップキッズ」開設（放射能対応）

【世相】○今年の漢字「絆」（東日本大震災、新潟・福島の台風・大雨被害、ボランティア、サッカー日本女子「なでしこジャパン」のチームワーク）　ことば：「こだまでしょうか」「なでしこジャパン」「帰宅難民」「スマホ」「3.11」「風評被害」「どじょう内閣」　歌：「風は吹いている」「Lotus」「迷宮ラブソング」「上からマリコ」「フライングゲット」（第53回レコード大賞受賞）　本：『下町ロケット』池井戸潤（直木賞）、『悪道』森村誠一、『ツナグ』辻村深月、『空白の五マイル』角幡唯介　映画：「八日目の蝉」「一枚のハガキ」「冷たい熱帯魚」「太平洋の奇跡」「大鹿村騒動記」／アニメ映画：「コクリコ坂から」「カーズ2」（米）／洋画：「ハリーポッターと死の秘宝」「パイレーツ・オブ・カリビアン／生命の泉」「ゴーストライター」

2011
(平成23年) 後半

年齢　　歳

私の記録

2012 （平成24年） 壬辰／みずのえたつ

世界の出来事

- 1.6 北朝鮮漂流船問題（島根県隠岐島に北朝鮮の小型木造船が漂着）
- 1.20 ナイジェリア内戦、死者178人
- 2.6 フィリピン地震、死者43人
- 3.4 露、プーチン大統領、再選（任期2018年まで）
- 4.2 米カルフォルニア州、オイコス大学乱射事件、学生7人死亡
- 4.11 北朝鮮、金正恩が第1書記に就任
- 同 インドネシア、スマトラ島大地震、M8.7、死者5人
- 4.15 タイタニック号沈没から100年
- 5.6 仏、大統領選挙でオランド政権勝利、円高ユーロ安に
- 5.20 中国・米・日本などで金環日食を観測（21日西側で観測）
- 6.1 外為市場、1ユーロ=96円
- 6.5 金星の日面通過観測
- 7.4 欧州合同原子核研究機構（CERN）、新粒子の発見を発表
- 7.8 アフガン支援国会議で「東京宣言」を採択
- 7.20 米コロラド州、銃乱射事件、死者12人、重体10人、負傷者48人
- 7.24 欧州債務問題（スペイン・伊・ギリシャなどの経済危機）の影響でユーロ急落
- 7.27 英、ロンドン五輪開幕
- 8.6 NASA、火星探査機「キュリオシティ」が火星に着地
- 8.25 無人宇宙探査機「ボイジャー1号」が太陽圏脱出
- 9.11 エジプト、リビアので米大使館員殺害
- 11.15 中国、習近平が国家主席に選出
- 12.14 米コネチカット州、小学校銃乱射事件、死者26人

日本の出来事

- 1.12 野田改造内閣発足
- 2.10 復興庁発足
- 2.18 天皇陛下、狭心症・心臓冠動脈バイパス手術無事終了
- 2.20 光市母子殺害事件犯人の元少年の死刑確定
- 2.29 東京スカイツリー竣工（634メートルの高さで世界2位）
- 3.11 東日本大震災から1年、各地で式典
- 4.22 新潟県佐渡島、放鳥トキが（特別天然記念物）孵化成功と環境庁発表
- 4.29 関越自動車道、ツアーバスが居眠り運転で防音壁に衝突、死者7人、重軽傷38人
- 5.5 北海道泊原発運転停止（日本の原発50基が42年振りに全機停止）
- 6.11 福岡県、大分豪雨、死者・行方不明者32人
- 7.5 国会事故調査委員会、「東京電力福島第1原発事故は人災」と断定
- 7.5 福井県大飯原発3号機、再稼働
- 9.19 原子力規制委員会発足（委員長に福島市出身の田中俊一が選任）
- 10.8 IPS細胞の開発に成功した山中伸弥がノーベル生理学・医学賞決定
- 10.13 天皇皇后両陛下、帰村宣言後の「川内村」を激励・ご視察（詩人・草野心平が名誉村民の川内村）
- 12.16 第46回衆議院選、民主党惨敗
- 12.26 第2次安倍晋三内閣発足

福島県の出来事

- 1.4 環境省、「福島環境再生事務所」を福島市に開設
- 1.8 野田総理来県、佐藤雄平知事に中間貯蔵施設の設置を双葉郡内へと要請
- 1.10 県、ボディーカウンターによる内部被ばく検査・学校の巡回検査を開始
- 1.17 常陸宮ご来県、計画的避難区域の飯舘村村民が生活する福島市の仮設住宅を訪問し被災者を激励
- 1.31 全村避難の川内村・遠藤幸雄村長が「帰村宣言」
- 2.6 警視庁、「ウルトラ警察隊」入県式（21都道府県から警察官350人を福島に派遣）
- 2.10 復興庁、福島復興局設置（南相馬・いわき市に支所開設）
- 3.11 東日本大震災から1年、犠牲者追悼式が各地で開催
- 3.31 復興支援目的の高速道無料化終了
- 6.1 郡山市のビックパレット、緊急避難仮所から本来業務へ戻る
- 7.17 全域避難区域の飯舘村、帰還困難解除（準備区域に再編）
- 8.10 楢葉町の警戒区域、午前0時に避難指示解除（準備区域に再編）
- 8.25 県産米の全袋放射線検査（基準値超す米が3農家から検出される）
- 9.21 大熊町、5年間は帰還困難と決議
- 9.26 富岡町、5年間は避難解除無しと決議
- 10月 福島ユナイテッドFC（サッカー）が東北社会人リーグ全国社会地域決勝大会でJFLに昇格
- 10.2 双葉町、役場移転先をいわき市東町の勿来法務局跡地に決定
- 10.12 浪江町、5年間は帰還不可能と決議
- 11.12 日本学校合奏コンクール2012全国大会グランドコンテスト in 郡山で郡山第2中学校が最高賞（文部科学大臣賞）受賞
- 12.26 双葉町、井戸川町長の不信任決議案可決を受け、町議会解散へ

【世相】〇今年の漢字「金」（東京スカイツリー開業、ロンドン五輪でメダルラッシュ、中山伸弥のノーベル賞受賞）　ことば：「ワイルドだろぉ」「維新」「終活」「IPS細胞」「第三極」「終末論（マヤ文明長期暦では12月21〜23日）」　歌：「Give me Five」「ワイルド アット ハート」「片想い finally」、「真夏の Sunds good!」（第54回レコード大賞受賞）　本：「道化師の蝶」円城塔・「共喰い」田中慎弥・「冥土めぐり」鹿島田真希（芥川賞）、「蜩の記」葉室麟・「鍵のない夢を見る」辻村深月（直木賞）、「大江戸釣客伝」夢枕獏、「地の底のヤマ」西村健、「聞く力」阿川佐和子、「舟を編む」三浦しをん、「置かれた場所で咲きなさい」渡辺和子　映画：「おかえり、はやぶさ」「わが母の記」「天地明察」「のぼうの城」「おだやかな日常（原発事故問題作）」／洋画：「アルゴ」「リンカーン」「愛・アムール」「ゼロ・ダーク・サーティ」「戦下の馬」「レ・ミゼラブル」

2012 (平成24年) 年齢　　歳

私の記録

2013 (平成25年) 癸巳／みずのとみ

世界の出来事

- 1.16 アルジェリア人質事件、死者81人（政府・武装勢力双方で）マグリブ反乱の一部
- 1.20 米、オバマが大統領就任（続投）
- 2.6 ソロモン諸島沖地震、M8.0、津波も発生
- 2.15 露、チェリャビンスク州に隕石落下、負傷者1500人
- 2.25 韓国、朴槿恵が大統領に就任（女性初大統領）
- 3.13 バチカン、新法皇決定（266代フランシスコ教皇、前日から行われたコンクラーヴェの結果）
- 3.21 宇宙の年齢は137.98 ± 0.37億年とプランクによる測定結果を発表
- 4.9 イラン南西部地震、M6.3、死者37人、負傷者850人
- 4.15 米、ボストンマラソンで爆弾テロ
- 4.20 中国、四川地震、M7.0、死者200人、負傷者5000人
- 4.24 バングラデシュ、ダッカ近郊ビル崩落事故、死者400人、負傷者2000人
- 6.30 ブラジル、リオデジャネイロで開催されたFIFAコンフェデレーションズカップ2013で、ブラジルが優勝
- 7.1 クロアチア、EUに加盟
- 7.15 インド、北部豪雨、死者5700人
- 7.22 中国、甘粛省地震、M6.6、死者95人、倒壊家屋5万2000棟
- 7.24 スペイン、列車脱線事故、死者78人
- 7.25 国連、シリア内戦で死者が10万人を超えたと発表
- 10.1 米、国債のデフォルト回避
- 10.9 ASEAN首脳会議ブルネイで開催
- 10.20 オーストラリアで山火事、11万ヘクタールが焼失、非常事態宣言発令
- 10.28 中国、天安門広場に車侵入事件
- 12.14 中国、無人月探査機が月面に着陸

日本の出来事

- 1.4 環境省、直轄除染不法投棄疑惑調査
- 1.9 政府、2013年度予算に「仮の町」拠点形成交付金を計上する方針出す
- 1.15 東京電力、事業計画見直し、損害賠償促進
- 1.16 安倍総理、アルジェリアの人質事件のテロ非難、日本人10人死亡（24日確認）
- 1.22 被災者・子供支援を推進する超党派議連が発足
- 1.29 原子力規制委員会、新安全基準骨子に活断層上の原子炉廃止を加える
- 1.30 原子力災害対策指針改定（福島第2原子力発電所に適用）
- 2.12 安倍総理「原子力推進は自民の責任」
- 2.18 東京電力、国会事故調へ虚偽説明
- 2.25 環境省、指定廃棄物最終処分場候補地を選び直し（実質受入れ受諾地なし）
- 2.26 エジプト旅行中の日本人、ルクソール熱気球墜落事故に遭遇、4人死亡
- 2.28 安倍総理、施政方針演説で原発再稼働明言
- 3.11 東日本大震災追悼式（2年目3回忌）。東京電力社長が「事故の責任は全うする」と発言
- 3.22 東京電力、請求除染費105億円未払い
- 4.30 電力会社赤字、8社で1.6兆円（火発の費用）
- 5.3 安倍総理、トルコ首脳会談で原発輸出
- 5.23 三浦雄一郎、エベレストに史上最高齢で登頂（プロスキーヤー、80歳7ヵ月）
- 7.10 日本ソフトバンク、米携帯電話大手企業スプリント・ネクステルを買収（世界3位の規模に）
- 9.7 第125次IOC総会（アルゼンチン）が、2020年夏季五輪を「東京」で開催することを決定
- 11.30 天皇皇后両陛下、インド公式訪問
- 12.4 「和食・日本の伝統的食文化」がユネスコで無形文化遺産に登録される

福島県の出来事

- 1.1 避難生活、2度目の正月
- 1.4 東京電力の福島復興本社（Jヴィレッジ内）が始動
- 1.4 井戸川双葉町長「帰還はセシウム半減の30年後」と暫定目標
- 1.16 企業立地補助金、福島県内全域対象に（経産省）
- 1.23 井戸川双葉町長、辞職
- 1.30 基準値超すカルガモ・キジ・野兎肉が出荷停止
- 2.5～8 第1回在外県人会サミットを開催（9ヵ国の19福島県人会の会長等が参加、風評被害の払拭に取り組む）
- 2.17 「被災12市町村と県・国の意見交換会」開催（福島市）
- 2.19 国連事務総長特別代表が福島・郡山市を視察
- 2.20 相馬、酪農家の男性自殺で遺族が東京電力へ賠償訴訟
- 2.23 福島、ベラルーシ視察報告
- 2.26 富岡・楢葉沖で試験操業
- 3.11 福島地裁に1700人が国・東京電力に慰謝料求め訴訟
- 3.13 石川町の石川家畜市場閉鎖（120年の歴史に幕）
- 3.27 県人口50万人減（2004年より）
- 4～11月 東京電力、汚水漏れ事故が頻発
- 4.14 郡山市、品川萬里が市長に就任
- 10.2 川内村で3年振りに米収穫（全袋検査、カメムシ被害）
- 10.15 飯舘村、帰還困難地区の試験栽培の米を収穫
- 10.28 郡山市、認可保育所の屋外活動、一律制限解除
- 11.9 なみえ焼きそばがB-1グランプリで日本一に
- 12.17 本県医師が減少、3685人に

【世相】○今年の漢字「輪」（2020年夏季オリンピックが東京で開催決定、東北楽天イーグルスが優勝し東北地方に歓喜の輪、支援の輪）
ことば：「今でしょ！」「お・も・て・な・し」「じぇじぇじぇ」「倍返し」「アベノミクス」「ご当地キャラ」「特定秘密保護法」
歌：「さよならクロール」「ハート・エレキ」「僕らのユリイカ」「キミとのキセキ」「LOVE」「潮騒のメモリー」「OCEAN」、「EXILE PRIDE ～こんな世界を愛するために～」（第55回レコード大賞受賞）
本：『abさんご』黒田夏子・『爪と目』藤野可織（芥川賞）、『何者』朝井リョウ・『等伯』安倍龍太郎（直木賞）
アニメ映画：「風立ちぬ」「アナと雪の女王」（米）／洋画：「アイアンマン3」「ダイ・ハード／ラストデイ」「ホビット・竜に奪われた王国」

2013 (平成25年) 年齢　　歳

私の記録

2014 (平成26年) 甲午／きのえうま

世界の出来事

- 1.1 ラトビア、ユーロ導入
- 2.7 露、ソチ冬季五輪開催
- 2.13 インドネシア、ジャワ州ケルート山噴火、20万人避難
- 2.26 NASA、ケプラーの探査で305個の恒星の周りを公転する太陽系外惑星715個を発見（うち4個に生命が存在する可能性あり）
- 3.8 マレーシア航空機、タイランド湾上空で消息不明に、乗員239人（7月29日インド洋上のレユニオン島で航空機の残骸を発見）
- 3.18 露、クリミア編入を表明
- 3.24 オランダ、ハーグで第3回核セキュリティサミットを開催
- 3.26 北朝鮮、中距離弾道ミサイル「ノドン」2発を日本海へ向け発射
- 4.16 韓国、珍島沖クルーズ船沈没、死者294人（政府苦境）
- 5.13 トルコ、マニサ県ソマ炭鉱爆発事故、301人死亡
- 5.22 タイ、軍事クーデター
- 6.7 ウクライナ、ポロシェンコが大統領に就任
- 6.11 トヨタ自動車、タカタのエアバックをリコール（227万台）
- 6.12 FIFAワールドカップブラジル大会開催
- 6.29 イラク、北部イスラム教スンニ派武装組織IS が（イスラム国）国家樹立を宣言
- 7.17 ウクライナ上空、マレーシア航空機撃墜、死者298人
- 7.24 アルジェリア航空機墜落、死者116人
- 8.8 WHO、エボラ出血熱流行により「国際的に懸念される公衆衛生上の緊急事態」を宣言
- 9.11 中露会談（天然ガスパイプラン建設について協議）
- 10.24 中国、アジアインフラ投資銀行設立（当初21ヵ国が参加）

日本の出来事

- 1.15 瀬戸内海で海上自衛隊輸送船と釣船が衝突（おおすみ衝突事故）、死者1人
- 1.19 沖縄県名護市長選、稲嶺進が再選
- 1.28 下村文相、学習指導要領改訂（中・高校の社会科教科書に「尖閣諸島・竹島」は固有領土と明記、竹島は韓国に不法占拠されていると記載）
- 1.30 日本相撲協会、新体制発足
- 2.3 大阪、橋下市長が辞職（大阪都構想かなわず）
- 2.5 佐村河内守が作曲した「HIROSHIMA」が盲目装い演出されたものと発覚（真の作曲者は新垣隆）
- 2.5 安倍総理、スイスのディディエ大統領とオープンスカイ協定結ぶ（即日発効）
- 2.8 安倍総理、露のソチ五輪開会式に出席
- 同 安倍総理、露のプーチン大統領と首脳会談
- 同 関東・甲信地方で記録的大雪、仙台でも観測史上3位の積雪を記録
- 3.9 国際宇宙ステーション船長に日本人初の若田光一が就任
- 3.27 袴田事件の死刑囚に静岡地裁が冤罪裁決、即日釈放（48年間獄中生活を送る、1966年6月30日参照）
- 4.5 三陸鉄道、被災運休していた釜石～大船渡間の運行を再開、田野畑～岩泉町間も開通
- 4.7 みんなの党代表・渡辺喜美、借金問題で辞任
- 4.23 米オバマ大統領、国賓として来日
- 5.20 自動車運転死傷行為処罰法施行
- 5.21 大飯原発3・4号機運転差止め判決（福井地裁）
- 5.28 日本維新の会、石原派・橋下派に分裂
- 6.4 「STAP細胞」論文撤回
- 6.21 「富岡製糸工場と絹産業遺産群」が世界遺産に登録
- 7.16 原子力規制委員会、九州電力川内原発1・2号機の安全対策が基準に「適合」とする審査結果を発表
- 7.23 福島第1原発3号機、がれき撤去中に1兆1200億ベクレルの放射性物質を放出したと公表
- 8.20 広島市、豪雨土砂災害、死者74人
- 9.3 第2次安倍改造内閣（11月21日衆院解散）
- 9.27 御嶽山噴火、死者50人（火砕流発生）
- 10.7 赤崎勇・天野浩・中村修二がノーベル物理学賞受賞
- 11.27 和紙がユネスコが無形文化遺産に登録
- 12.14 第47回衆議院選挙（自公326議席を獲得）
- 12.20 東京駅開業100周年記念suicaを発行するも数量限定販売で混乱に

福島県の出来事

- 1.9 東京電力、昨年6～11月の汚染水採取結果を公表せず問題化
- 1.16 日本記者クラブ取材団、廃炉作業状況視察
- 1.18 福島原発原告団総会、5000人規模の運動方針確認
- 1.19 南相馬市長選で桜井が再選
- 1.234 IAEA除染チーム「20ミリシーベルト被爆許容」と報告
- 1.30 双葉町、中間貯蔵施設の「受入白紙」に。南相馬市、除染完了目標を2年延長（作業員不足）
- 2.5 県2014年度当初予算を1兆7145億円、震災・原発事故対応に8704億円
- 2.5 百井盛（112歳）が世界最高齢に（1903年生まれ、南相馬出身）
- 2.14 常磐自動車道の再開通控え、沿線3町に桜苗木が植樹される（復興願う）
- 2.22 こども環境学会意見交換「夢プラン」（中学生の声反映）
- 2.23 国際ワークショップが「甲状腺がん、事故影響考えにくい」と発表
- 3.10 県立高の2期選抜、1万868人が受験
- 3.11 大震災3年追悼式、佐藤知事「原子力に頼らない地域社会構築」を誓う
- 4.1 田村市都路地区、原発20キロ圏内で初の避難指示解除
- 4.24 京都清水寺・森清範貫主、郡山市田村神社を正式参拝（しだれ桜記念植樹）
- 6.16 石原環境大臣、除染廃棄物貯蔵施設交渉難航の折「最後は金目でしょ」発言（批判殺到）
- 10.26 県知事選挙、内堀雅雄が当選（前副知事、長野生まれ）
- 11.17 ご当地ナンバー「郡山」ナンバー交付
- 12.25 スペシャル五輪日本が開催（福島）

【世相】○今年の漢字「税」（消費税増税・国民の生活反映と）　○11月10日に俳優・高倉健が死去（83歳）　ことば：「老後破産」「宇宙的想像力」　歌：「恋するフォーチュンクッキー」「春風」「ふな ふな ふなっしー」「ゲラゲラポーのうた」・「ようかい体操第一」「Let It Go～ありのままで～」、「R.Y.U.S.E.I」（第56回レコード大賞受賞）　本：『里山資本主義』藻谷浩介『「自分」の壁』養老孟司『しない生活』小池龍之介『人に強くなる極意』佐藤優『永遠の0』百田尚樹『白ゆき姫殺人事件』湊かなえ　映画：「るろうに剣心 京都大火編・伝説の最後編」「超高速！参勤交代」（いわき市）／アニメ映画：「思い出のマーニー」（日）「アナと雪の女王」（米）／洋画：「GODZILLA ゴジラ」

2014 (平成26年) 年齢　　歳

私の記録

2015 (平成27年) 乙未／きのとひつじ　紀元（皇紀）2675年

世界の出来事

1.1	リトアニア、ユーロ導入
同	ユーラシア経済連合発足（露・指導型、自由貿易協定）
1.7	仏、「シャルリー・エブド」出版社襲撃事件、死者12人（イスラム過激派によるテロ）
1.25	ギリシャ総選挙、急進左派連合のアレクシス党首は、小政党との連立政権に
2.6	イエメンでクーデタ、イスラム・シーア派が統治権を獲得
2.12	韓国、大韓航空ナッツ・リターン訴訟で前副社長に実刑判決
3.18	チュニジア、バルド国立博物館乱射事件、死者22人（日本人観光客女性3人含む）
3.24	独ジャーマン9525便墜落事故、死者150人（日本人2人含む）
4.2	ケニア、ガリッサ大学襲撃事件、死者147人
4.25	ネパール大地震、M7.3、死者8460人、負傷者2万人
5.27	FIFA汚職事件でスイス司法局が幹部を逮捕
6.26	米最高裁法廷で同性結婚を認定・合法化
6.30	世界協定時、この日23時59分59秒と翌日7月1日の世界時0時00分00秒間に「23時59分60秒の閏秒」を挿入
7.14	NASA、2006年に打上げた冥王星無人探査機が冥王星に最接近、1万3695キロ地点で観測開始（ハート型模様が観測され話題に）
10.29	中国、「一人っ子政策」完全廃止
11.21	ミャンマー、アウン・サン・スー・チーが率いる野党・国民民主連盟（NLD）が改選議席8割獲得（新政権へ）
11.13	仏、パリで同時多発テロ事件発生、死者130人、テロリスト8人（19日ISメンバーの首謀者死亡）

日本の出来事

1.15	日・豪経済連携協定発効
1.20	ISILイスラム過激派組織が日本人の後藤健二・湯川遥采の殺害を予告（72時間以内に身代金2億ドルを要求したが、24日に湯川の死体写真を公表
1.23	大相撲、横綱・白鵬が史上最多優勝
1.31	沖縄、宮古島〜伊良部島を結ぶ伊良部大橋開通（3540メートル）
2.1	ISILが日本政府に警告し、人質・後藤の殺害様子を放映
同	情報収集衛星H-ⅡAロケット打上げ
2.2	国土交通省、国際テロ対策本部設置
2.20	川崎市の多摩川河川敷で中学生全裸遺体発見（27日に知り合いの少年3人逮捕）
2.26	英ウィリアム王子来日（福島・宮城県の被災地慰問、3月1日まで）
3.3	フィリピンのシブヤン海域で旧・大日本帝国海軍戦艦「武蔵」の発見画像をマイクロソフト・アレンが掲載
3.21	東日本大震災被害を受け停止していた石巻線再開
5.17	大阪橋下市長推進の「大阪都構想」否決、橋下は政界引退を表明
5.29	口永良部島・新岳が爆発的噴火、全島民は屋久島に避難
5.30	小笠原諸島西方沖地震、M8.1
6.30	東海道新幹線車内で焼身自殺（少額年金による生活苦が原因）
7.15	「集団的自衛権発動法案」が衆議院で可決
8.14	安倍総理、「戦後70年談話（安倍談話）」を発表
9.10	台風18号の影響により茨城県常総市の鬼怒川の堤防が決壊
10.5	住民票を有する全ての人に対し12桁のマイナンバー（個人番号）通知開始
10.12	大村智（北里大学）がノーベル賞生理・医学賞、梶田隆章（東京大学）がノーベル賞物理学賞を受賞

福島県の出来事

1.31	JR東日本、常磐線、原ノ町駅〜楢葉・竜田駅間運行開始（福島第1原発事故により高放射線量が測定された帰還困難区域42.5キロ含む）
2.19	郡山北警察署、元交際相手の裸写真数十枚を不特定多数者に配布した男をリベンジポルノ防止法違反で逮捕（防止法施行後初）
3.11	県内各地で追悼式典「キャンドルナイト・希望のあかり」実施（県内7ヵ所、震災から丸4年を迎える）※
3.30	矢祭町の古張允町長、住民基本台帳ネットワークに全国唯一未接続だったが接続表明
4月	桜前線の観光案内と県内「山開きガイド」が展開
5.27	福島市、住宅地でクマ目撃
5.28	福島で80代女性が振込詐欺被害に、40代女性も200万円被害
6.3	復興庁、2006年度から5年間の東日本大震災の復興事業費の一部3.3%を地元が負担する案を発表、410億円ほどに
6.25	本宮市、避難者向け住宅着工（60戸、2016年4月入居目標）
7.5	世界最高齢・百井盛死去、112歳（1903年2月5日生まれ、南相馬市〈旧石神村〉出身、福島県立塙高校の初代校長
9.19	会津若松市、鶴ヶ城再建50周年記念式典開催
10.26	大玉村、ペルー共和国マチュピチュ村と世界初の友好都市協定締結

【世相】※東京電力の福島原発事故による福島県避難者は約12万人（県内避難者7万3000人、県外避難者4万5000人）　〇9月19日のラグビーW杯で日本が南アフリカに勝利（「五郎丸ポーズ」が話題に）　〇2015年12月現在「福島県」は13市・31町・15村の計59自治体　ことば：「爆買い」「ラッスンゴレライ」「あったかいんだからぁ」「マイナンバー」「プロ彼女」「戦争法案」「エンブレム」　歌：「ありがとうForever…」「トリセツ」「僕たちは戦わない」「もんだいガール」「Unfair World」　本：『火花』又吉直樹『下町ロケット2』池井戸潤　映画：「ビリギャル」「ジヌよさらば〜かむろば村へ〜」（会津柳津町）／アニメ映画：「バケモノの子」（日）、「ベイマックス」（米）／洋画：「シンデレラ」「マッドマックス 怒りのデス・ロード」

2015 (平成27年) 年齢　　歳

私の記録

【わが家の系譜】

参考文献

『昭和史年表』　神田文人編　1986年　（小学館）
『昭和二万日の全記録（1～19巻）』　1989～1991年（講談社）
『福島県史』（福島県）
『福島民報百二十年史』　福島民報社120年史編集委員会編　2014年（福島民報社）
『福島民友新聞百年史』　1995年（福島民友新聞社）
『福島県年鑑』　2012・2013・2014　（福島民友新聞社）
『郡山の歴史』　2014年（郡山市）
『歴史研究（近代史）』　2015年7・8月合併号（歴研：総合出版）
『昭和史（戦後篇）』　半藤一利　2009年（平凡社）
『新訂会津歴史年表』　会津史学会編　2009年（歴史春秋社）
『日本史年表増補版』　歴史学研究会編　1994年（岩波書店）
『世界史年表第二版』　歴史学研究会編　2010年（岩波書店）
〇各県内市町村史
〇福島県立図書館所蔵の新聞や資料より（朝日新聞・毎日新聞・読売新聞・赤旗・産経新聞・日本経済新聞）

　当年表の掲載にあたっては上記の各出版社・新聞社による「年鑑」および書籍、またインターネットから抽出・選択・整理させて頂きました。ここにそのお許しと共に貴重な参考とさせて頂きましたことに心より感謝と御礼を申し上げます。
　なお項目の選択・掲載の「歴史的事件」は全てノンフィクションですが、どこからどこまでが該当するのか、また、分野別歴史となった場合、例えばスポーツ・相撲・野球等における歴史、文化・出版面における歴史、科学技術、経済の歴史、音楽・医学・芸術・歌謡・宇宙史学等々、各専門分野の歴史を加えれば、実に切りがありません。そこで当書で取り上げさせて頂いた項目は、大方一般的に認知され思い当たる項目かつ紙面に纏まる範囲で記載させて頂いた次第です。あれが在るのにこれが無い、あの人が入っているのに、この人が抜けているなど、多くご指摘を頂くことになりますが、歴史という未完成の性格をご理解頂きご容赦のほどよろしくお願い申し上げます。細かくは各市町村史など不備な点は、皆様のお力をもって加筆修正させていただければと思っております。先ずは年毎に起った出来事をご参照頂きながら、ご自身の歴史を顧みられる縁として頂ければ幸いです。
　文末になりますが、当書出版に際しては特にこの雑多な歴史年表の整理にあたり大変な努力と検証、掲載に至るまで担当された植村圭子女史、本田佳緒里さん編集委スタッフの皆様には本当にお世話になりました。この場をお借りし心より厚く感謝申し上げます。

　　　　　　　　　　　2015年12月15日　　『自分史の手引き書』編者　七海晧葵

編者略歴

七海　晧奘（ななうみ　こうそう）

1942 年	東京都・杉並生まれ
1944 年	福島県・郡山に疎開
1961 年	福島県立安積高校卒業後、電電公社（現 NTT）入社
1999 年	発明特許「特殊回線の総合受付台」（特許権東西 NTT）
2002 年	NTT 退社、モンゴル・東欧旅行（義経・成吉思汗説検証）
2004 年	『ボルテ・チノ真義経記』（歴史春秋社）出版（鎌倉で講演）
2008 年	『隠された郡山の戊辰戦争』（歴史春秋社）出版〈北東文芸奨励賞受賞〉
2009 年	『安積』ムック版共著（歴史春秋社）出版
2013 年	『Cosmic Only －宇宙にたった一つの命－』（歴史春秋社）出版〈第 8 回北東文芸賞受賞〉
現　在	全国歴史研究会本部会員、福島県美術家連盟会員、郡山文化協会理事、郡山市立美術館友の会理事など

自分史の手引き書　—年表で綴るあなたの歴史書—

2015 年 12 月 29 日第刷発行

編　者　七　海　晧　奘
発行者　阿　部　隆　一
発行所　歴史春秋出版株式会社
　　　　〒965-0842
　　　　福島県会津若松市門田町中野大道東 8-1
　　　　TEL 0242-26-6567／FAX 0242-27-8110
　　　　http://www.knpgateway.co.jp/knp/rekishun/
　　　　e-mail　rekishun@knpgateway.co.jp
印刷所　北日本印刷株式会社
製本所　有限会社　羽賀製本所

ISBN 978-4-89757-871-2　Printed in Japan　©2015
乱丁・落丁がございましたらお取り替え致します。